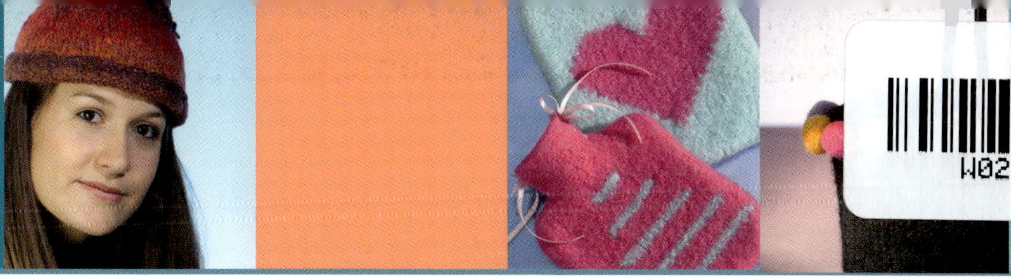

Annette Diepolder

Strick-Filz

Taschen, Wohndeko & Accessoires

CHRISTOPHORUS

Inhalt

Strick-Filz im Trend

Haben Sie auch schon einmal einen geliebten Wollpullover zu heiß gewaschen und sich anschließend geärgert, dass er viel zu klein war? Beim Strickfilzen ist dieser Effekt beabsichtigt!

Annette Diepolder ist Inhaberin der Ideenwerkstatt „Stilblüte". Sie arbeitet mit den verschiedensten Materialien und Techniken und veranstaltet regelmäßig Kreativworkshops, in denen sie ihre Ideen weitergibt.

Seit ich diese Technik zum ersten Mal ausprobiert habe, bin ich ihr verfallen. Es ist jedes Mal richtig aufregend, ein fertiges Teil aus der Waschmaschine zu holen. Sie werden sehen, es macht unglaublich viel Spaß, diese Technik anzuwenden.

Die Modelle in diesem Buch sind einfach und doch pfiffig, trendy und modern. Es werden lediglich rechte und linke Maschen mit dicken Nadeln gestrickt, sodass auch ungeübte Strickerinnen oder Anfängerinnen alle Modelle leicht herstellen können. Unregelmäßigkeiten im Strickbild sind völlig unerheblich, da diese nach dem Filzen nicht mehr sichtbar sind.

Durch den Filzvorgang werden die Strickstücke sehr viel fester und formstabiler – vor allem für Taschen und sonstige Accessoires ist das ein großer Vorteil. Kleidungsstücke wie z. B. Mützen und Stirnbänder sind nach dem Filzen praktisch windundurchlässig und wärmen besonders gut.

Ich bin sicher, dass Sie viel Spaß am Strickfilzen haben werden – lassen Sie Ihrer Kreativität freien Lauf!

Viel Erfolg und gutes Gelingen wünscht Ihnen Ihre

Annette Diepolder

Herzlichen Dank an alle, die mich bei der Zusammenstellung dieses Buches so tatkräftig unterstützt haben! Vielen Dank auch an die Firma Coats, die freundlicherweise die Materialien zur Verfügung gestellt hat.

Strickfilzen ganz einfach

Beim Strickfilzen wird das gewünschte Modell zuerst auf herkömmliche Weise, am besten mit spezieller, gut filzender Wolle und mit dicken Nadeln locker gestrickt und zusammengenäht. Anschließend gibt man das Strickteil zusammen mit 3–4 Handtüchern und handelsüblichem Waschmittel in die Waschmaschine und wäscht es bei 60 °C im Spar- oder Kurzprogramm. Dabei schrumpft es um einen gewissen Prozentsatz, siehe Abbildung rechts.

Das Garn

Zum Strickfilzen eignet sich am besten Wolle aus 100 % Naturfaser wie z. B. Schurwolle oder Alpaka. Auch Wollgemische sind teilweise geeignet, es empfiehlt sich allerdings, eine Probe anzufertigen.

Falls Sie unterschiedliche Färbungen der gleichen Wolle verwenden möchten, sollten sie auch hier jeweils eine Probe stricken, denn selbst die Einfärbung kann erheblichen Einfluss auf das Filzverhalten der Wolle haben.

Die Maschenprobe

Damit das Ergebnis nach dem Filzen mit der Wunschgröße für das jeweilige Modell übereinstimmt, ist es absolut notwendig, für jedes Modell eine Maschenprobe anzufertigen und diese zuerst zu filzen. Unterschiedliche Waschmaschinentypen und -programme können unterschiedliche Schrumpfungsgrade zur Folge haben. Für jedes Modell sind die Maße der Maschenprobe vor und nach dem Filzen angegeben. Diese Maße sind immer als ungefähre Angaben zu betrachten, da Strickfestigkeit, Waschmittel und Waschmaschine den Verfilzungsgrad beeinflussen können.

Fällt Ihre Maschenprobe nach dem Filzen anders als in der Anleitung angegeben aus, sollten Sie die Maschen- und Reihenanzahl entsprechend anpassen. Als Grundlage dazu dient die Angabe für die fertige Größe des Modells. Die Maschenprobe mit dem Originalmaterial und im angegebenen Grundmuster stricken.

Fällt die Maschenprobe kleiner aus als angegeben, so wurde fester gestrickt und es empfiehlt sich, um eine halbe Nummer dickere Nadeln zu verwenden.

Fällt sie größer aus als angegeben, so wurde zu locker gestrickt und es kann eine etwas dünnere Nadel verwendet werden. Um ganz sicher zu gehen, sollten Sie mit den anderen Nadeln noch einmal eine Maschenprobe anzufertigen.

So geht's

1. Die Maschenprobe stricken und filzen.
2. Die Größe der Maschenprobe vor und nach dem Filzen aufschreiben und mit den Angaben der Anleitung vergleichen, ggf. neu berechnen.
3. Das Modell stricken, zusammennähen, Fäden vernähen.
4. Das Strickteil zusammen mit 3–4 Handtüchern und etwas Waschmittel bei 60 °C mit gedrückter Spartaste oder im Kurzprogramm waschen.
5. Das Strickteil in Form ziehen und trocknen lassen.
6. Die Dekoteile aufnähen.

Tipps und Tricks

- Fällt das Teil nach dem Filzen zu groß aus, einfach noch einmal bei 40 °C oder 60 °C (je nachdem um wie viel das Teil zu groß ist) waschen.
- Fällt das Teil nach dem Filzen zu klein aus, ziehen Sie es kräftig in Form oder spannen Sie es. Oftmals nützt es auch, es über eine entsprechend größere Form zu ziehen und daran trocknen zu lassen.
- Kleine Teile wie z. B. Kugeln etc. zum Filzen in ein Wäschenetz geben.
- Fadenabschnitte vom Vernähen aufbewahren, daraus können bunte Kugeln gefilzt werden, die bei einigen Modellen als Verzierung dienen.
- Die gefilzten Maschenproben können z. B. als Untersetzer verwendet oder zu einem Patchworkkissen zusammengenäht werden. Sehr dekorativ ist auch, kleine Geschenkanhänger daraus zu schneiden.

Grundkurs Stricken

Abkürzungen

LL = Lauflänge
LM = Luftmasche
M = Masche
R = Reihe
Rd = Runde

Stricknadeln und Zubehör

Stricknadeln gibt es in verschiedenen Ausführungen und Materialien, z. B. aus Metall oder aus Kunststoff. Für das Strickfilzen werden in diesem Buch ausschließlich dicke Nadeln ab Nr. 8 verwendet, da die Strickteile sehr locker ausfallen sollen. Der genaue Stricknadeltyp und die Nadelstärke sind bei den jeweiligen Modellen mit angegeben. Beim Rundstricken sind Rundstricknadeln erforderlich, für kleinere „Schläuche" kann auch ein Nadelspiel verwendet werden.

Maschen anschlagen

Jedes Strickstück beginnt mit dem Anschlag, dabei wird die Anzahl Maschen auf die Nadel genommen, die für die Breite des Strickmodells erforderlich ist. Diese Anzahl ist in allen Anleitungen angegeben. Nach dem Anschlag sollte die erste gestrickte Reihe die Rückreihe sein, dadurch ergibt sich ein schönerer Rand auf der Vorderseite.

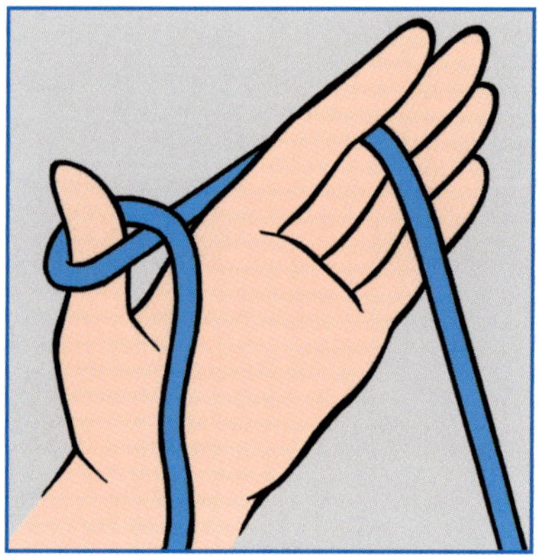

1. Den Faden wie abgebildet um Zeigefinger und Daumen legen: das Garn hinter dem Zeigefinger der linken Hand durchführen, nach vorne legen und rechts um der Daumen herum wickeln. Vom Daumen herunter hängt das Fadenende, der Faden der über dem Zeigefinger liegt, kommt vom Knäuel (in der Abbildung rechts).

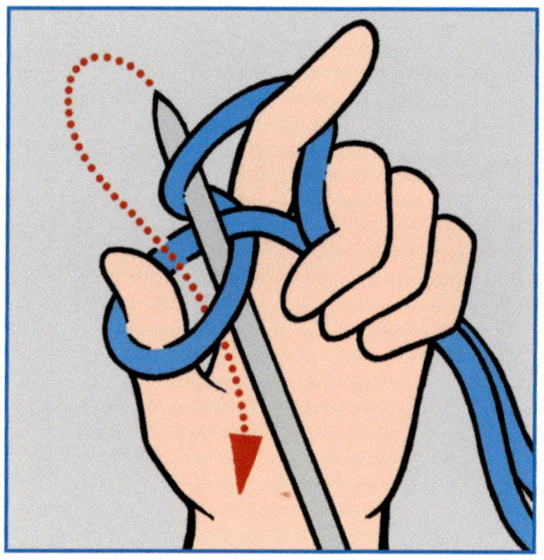

2. Die beiden Fadenenden mit den übrigen Fingern festhalten. Mit der Stricknadel von unten wie abgebildet in die Schlinge um den Daumen stechen und mit der Nadel den vom Zeigefinger kommenden Faden von vorne nach hinten umfassen und nach unten durch die Schlinge ziehen.

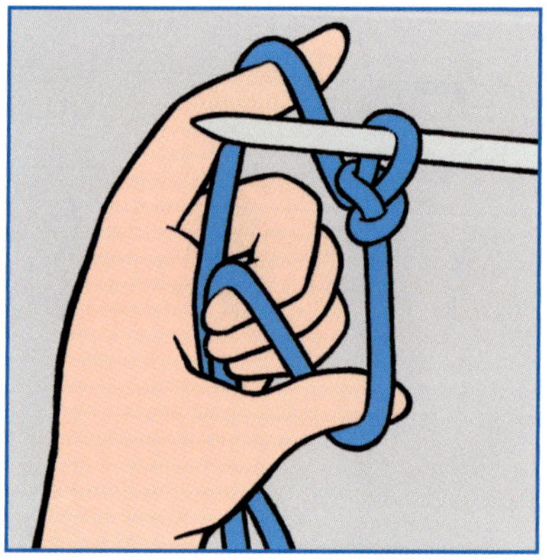

3. Die Schlinge nun vom Daumen rutschen lassen und die Masche mit dem Daumen zuziehen. Den Daumen wieder nach oben bewegen. Die Schritte 2 und 3 so lange wiederholen, bis die entsprechende Anzahl Maschen auf der Nadel ist.

Rechte Maschen

Eine wichtige Maschenart sind die rechten Maschen. Hierbei werden sowohl die Hinreihe als auch die Rückreihe rechts gestrickt. Vorne und hinten entstehen dabei krause Querrippen, das Muster wird deshalb als kraus rechts bezeichnet.

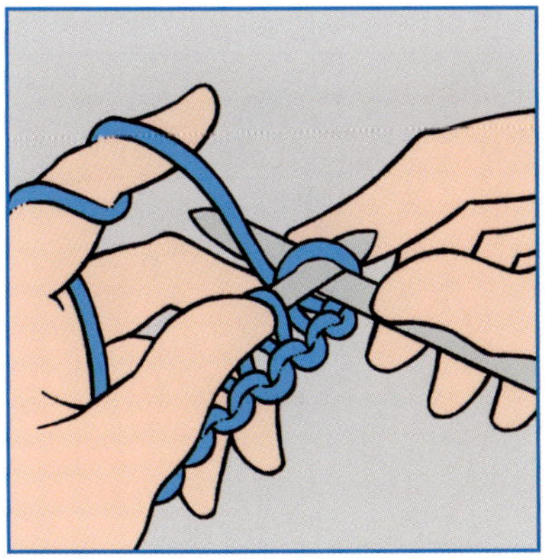

1. Die Nadel mit den Anschlagmaschen in die linke Hand nehmen und den zum Knäuel führenden Faden um den Zeigfinger der linken Hand schlingen. Jetzt mit der rechten Nadel von vorne nach hinten in die erste Masche einstechen.

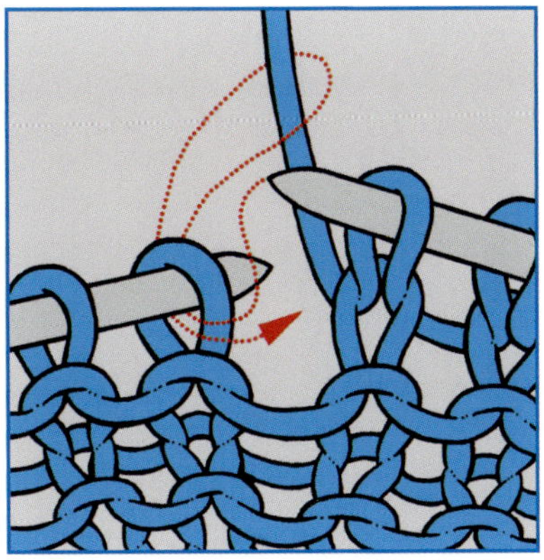

2. Den Faden von rechts mit der Nadel umfassen und nach vorne durch die Maschenschlinge ziehen.

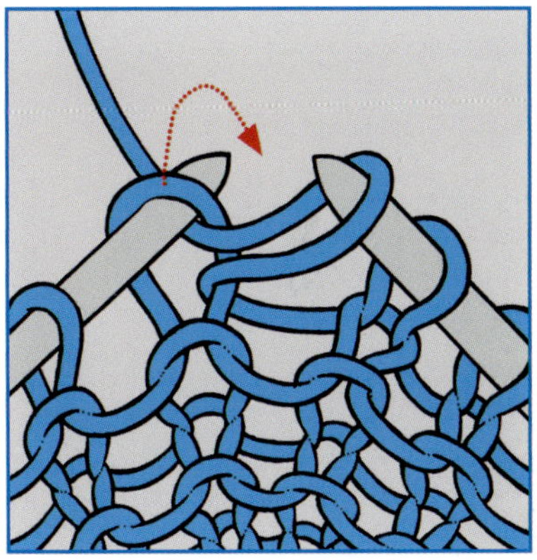

3. Die Schlinge der soeben gestrickten Masche liegt nun auf der rechten Nadel. Die Vormasche nun von der linken Nadel herunterheben. Die Schritte 1 bis 3 so lange wiederholen, bis alle Maschen abgestrickt sind und auf der rechten Nadel liegen. Die Arbeit wenden, die Nadel mit der Strickarbeit in die linke Hand nehmen und von vorne beginnen mit Schritt 1.

Tipp

Das Fadenende aus der Knäuelmitte ziehen, damit das Knäuel beim Stricken liegen bleibt und sich der Faden nicht verdreht.

Linke Maschen

Die zweite wichtige Maschenart ist die linke Masche. Sie erscheint auf ihrer Rückseite als rechte Masche. Glatt links gestrickt bedeutet, dass die Hinreihen links und die Rückreihen rechts gestrickt werden. Das Maschenbild sieht dann vorne kraus und hinten glatt aus.

Glatt rechts ist das genaue Gegenteil: hier strickt man die Hinreihen rechts und die Rückreihen links.

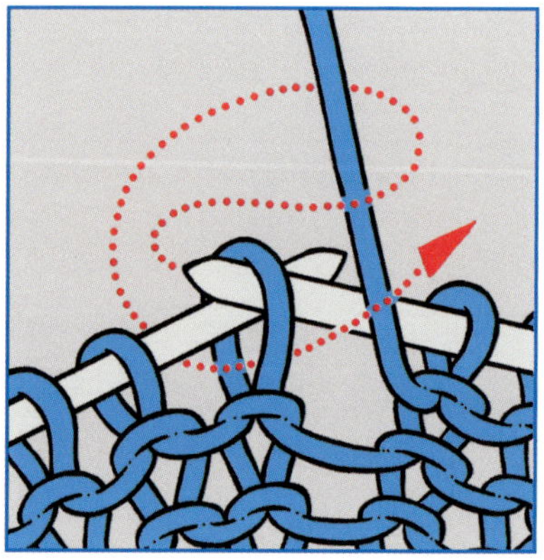

1. Für linke Maschen den Faden vor die Arbeit legen. Mit der rechten Nadel von hinten rechts nach vorne links in die auf der linken Nadel liegende Masche stechen. Den Faden mit der Nadel von vorne nach hinten umschlingen und nach hinten durch die Masche ziehen.

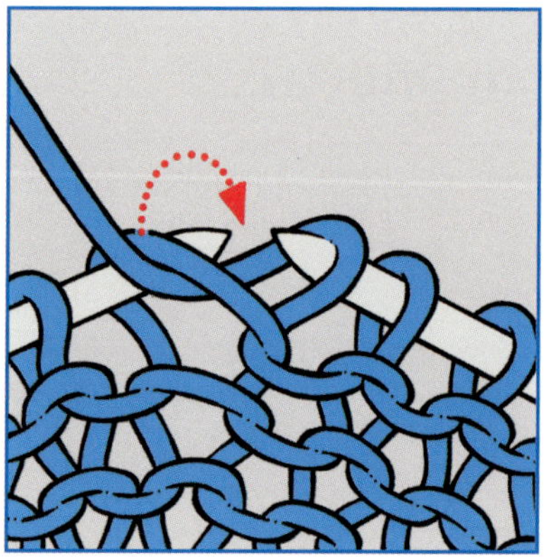

2. Die soeben gestrickte Masche liegt nun auf der rechten Nadel. Die Vormasche von der linken Nadel heben. Schritt 1 und 2 so lange wiederholen, bis alle Maschen von der linken Nadel abgestrickt sind und auf der rechten Nadel liegen.

Hinweis

Die Modelle in diesem Buch sind ohne Randmaschen gestrickt worden, jede Reihe wird also gleich mit einer rechten bzw. linken Masche begonnen.

Abketten

Am Ende einer Strickarbeit werden die Maschen abgekettet. Das bedeutet, sie werden abschließend von der linken Nadel abgestrickt, sodass die Maschen gesichert sind und sich nicht auflösen können. Wichtig ist, dass die Maschen locker abgekettet werden, damit kein zu straffer Rand entsteht.

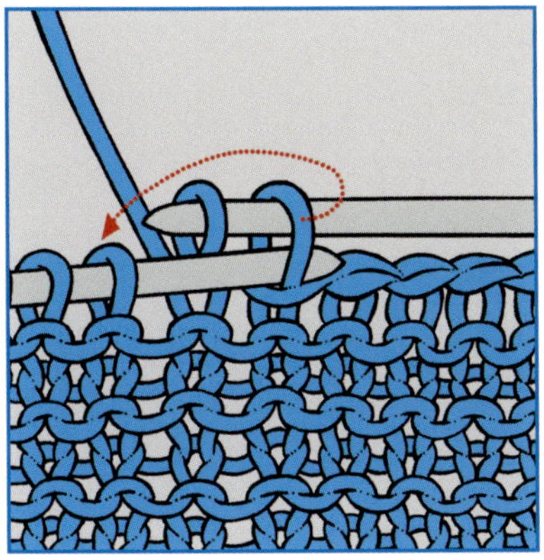

Am Anfang der Reihe zwei rechte Maschen stricken. Mit der linken Nadel vor der Arbeit von links nach rechts in die erste Masche einstechen und diese über die zweite Masche ziehen. Es liegt nun eine Masche auf der rechten Nadel. Eine zweite Masche rechts stricken und die erste Masche wieder über die zweite Masche ziehen. So weiter verfahren, bis am Ende der Reihe eine Masche auf der rechten Nadel übrig bleibt. Den Faden abschneiden und durch diese letzte Masche ziehen.

Zunahmen

Wenn innerhalb einer Reihe Maschen zugenommen werden, wird der zwischen zwei Maschen liegende Querfaden auf die linke Nadel gehoben und verschränkt rechts oder links abgestrickt.

1. Dazu bei rechten Maschen den Querfaden wie abgebildet aufnehmen und rechts verschränkt abstricken: Hinter der linken Nadel in den Querfaden einstechen und den Faden durchziehen. Die Masche von der linken Nadel gleiten lassen.

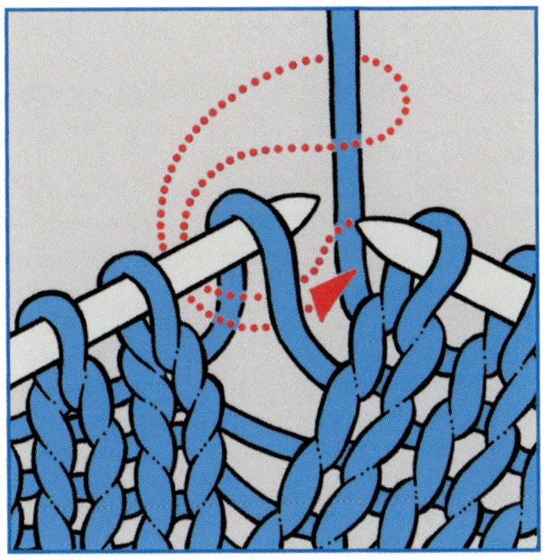

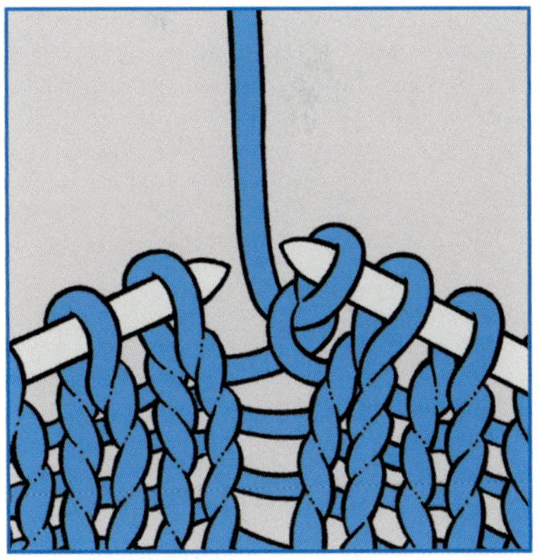

2. Bei linken Maschen ebenfalls den Querfaden wie abgebildet aufnehmen und links verschränkt abstricken: Die rechte Nadel von hinten nach vorne durch den Querfaden führen, den Faden durchziehen und die Masche von der linken Nadel gleiten lassen.

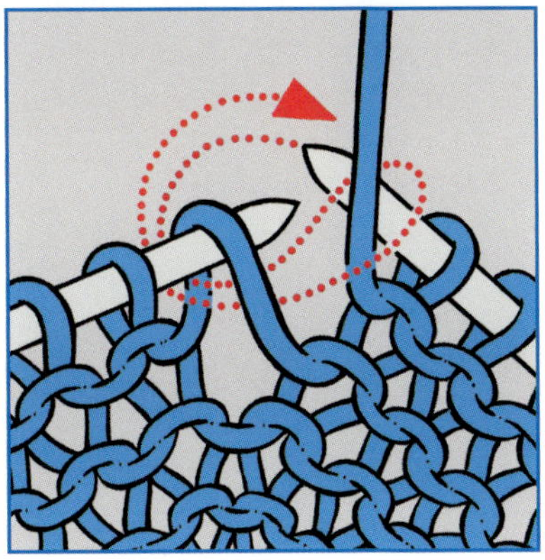

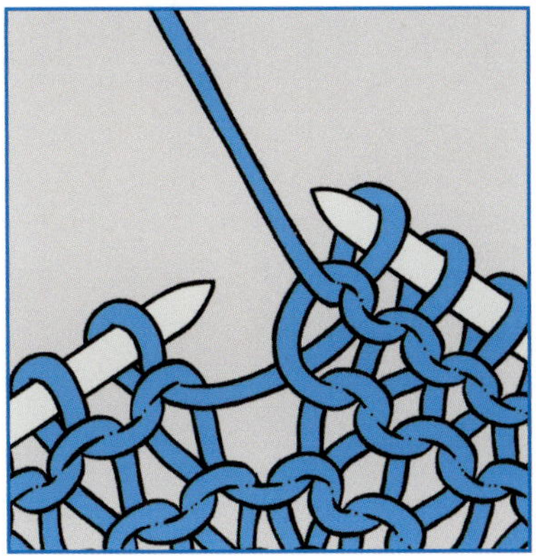

Abnahmen

Um eine seitliche Schrägung zu erreichen, ist die Abnahme einzelner oder mehrerer Maschen erforderlich. Dafür werden zwei Maschen zusammengestrickt.

Maschen rechts zusammenstricken

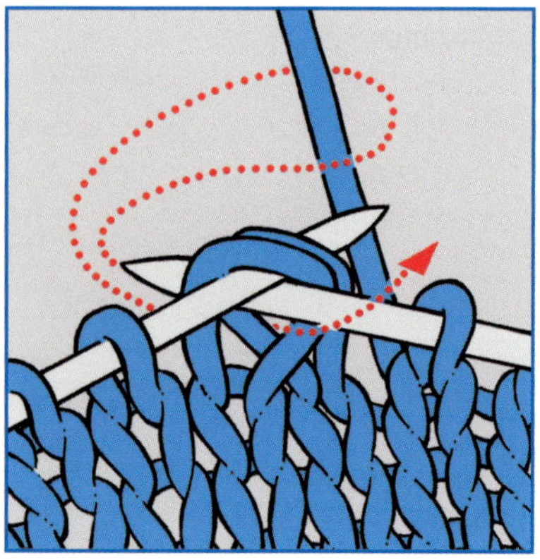

1. Die rechte Nadel von vorne links nach hinten rechts durch die ersten zwei Maschen der linken Nadel stechen.

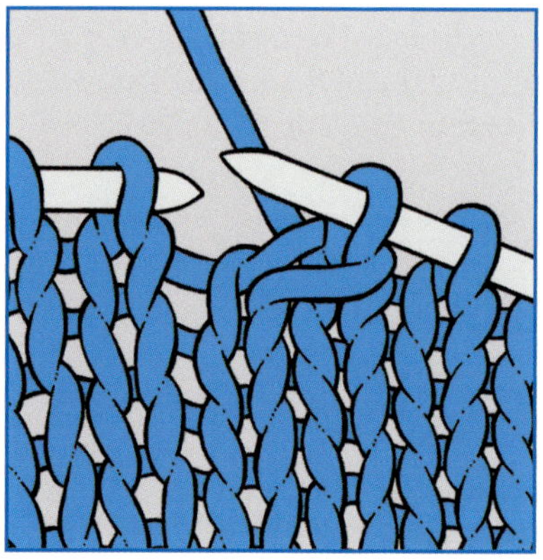

2. Den Faden mit der Nadel wie bei einer rechten Masche hindurchziehen und beide Maschen von der Nadel gleiten lassen.

Maschen links zusammenstricken

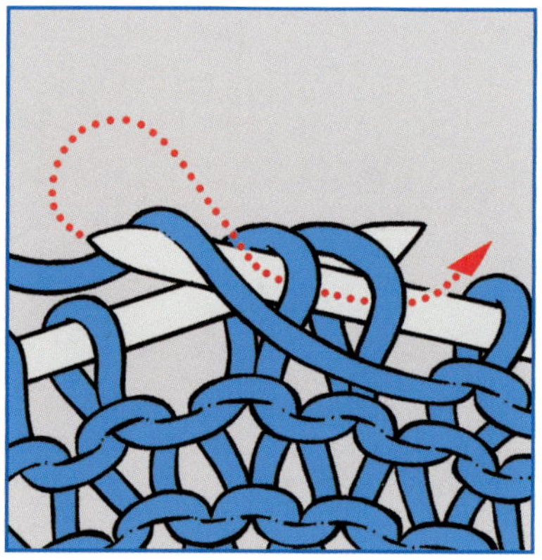

1. Mit der rechten Nadel von hinten rechts nach vorne links durch die ersten beiden Maschen der linken Nadel stechen.

2. Den Faden wie bei einer linken Masche hindurchziehen und beide Maschen von der linken Nadel gleiten lassen.

Rundstricken mit dem Nadelspiel

Ein Nadelspiel wird verwendet, wenn kleinere Runden gestrickt werden, für die eine Rundstricknadel zu groß ist. Zu einem Nadelspiel gehören fünf Nadeln. Auf vier Nadeln werden die Maschen gleichmäßig verteilt angeschlagen, mit der fünften Nadel wird gearbeitet.

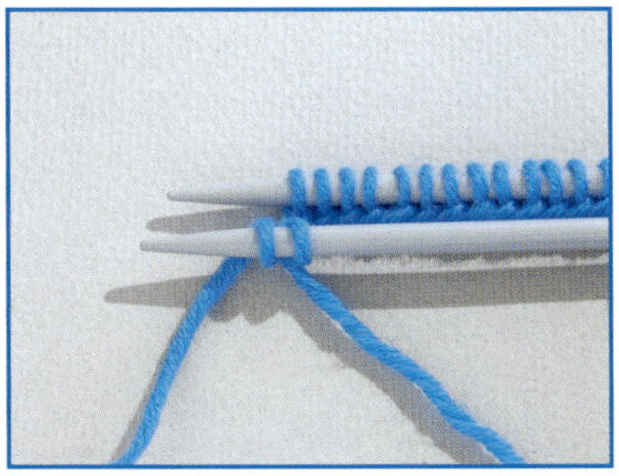

1. Mit der ersten Nadel das erste Viertel der Gesamtmaschenanzahl anschlagen. Nadel loslassen und die zweite Nadel in die Hand nehmen, sie liegt parallel vor der ersten Nadel. Nun das zweite Viertel Maschen anschlagen, dann mit der dritten und schließlich mit der vierten Nadel fortfahren, auch sie liegen jeweils parallel vor der vorhergehenden Nadel.

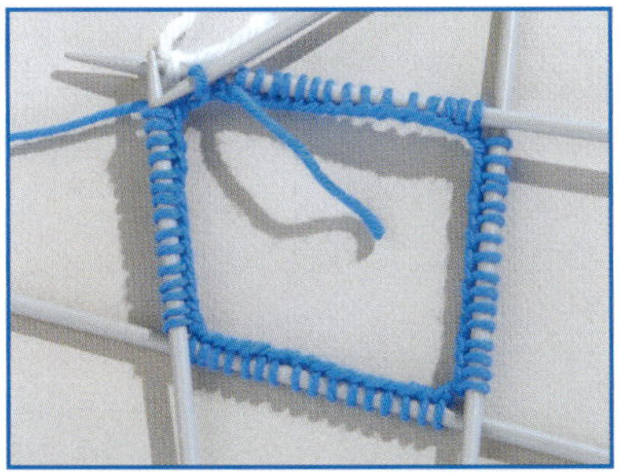

2. Die vier Nadeln zum Quadrat legen, dabei darauf achten, dass Nadeln und Maschen nicht verdreht sind und alle Nadeln mit den Maschen nach oben liegen. Die Runde mit der fünften Nadel durch Stricken der ersten Anschlagmasche der ersten Nadel schließen. Den Faden dabei stramm ziehen, damit der Übergang nicht zu locker wird.

Matratzenstich

Mit dem Matratzenstich werden die seitlichen Kanten von Strickteilen so miteinander verbunden, dass keine Naht sichtbar ist. Dazu die Teile nebeneinander legen und mit einer stumpfen Sticknadel unten beginnend den Faden durch beide Teile fädeln: Zuerst ein Maschenglied neben der Randmasche des einen Teiles auf die Nadel nehmen, den Faden hindurchziehen und auf der anderen Seite den Vorgang wiederholen. Anschließend immer zwei Maschenglieder je Seite erfassen (siehe Abbildung). So fortfahren, bis zum Nahtende.

Blütenbroschen

Wuschelblüte

MATERIAL

- *Reste von Coats Wash + Filz-it in Weiß und Schwarz (100 % Schurwolle, LL = 50 m/50 g)*
- *Häkelnadel Nr. 10*
- *Broschennadel*
- *Perle*

ANLEITUNG

4 Luftmaschenketten, 2 in Schwarz und 2 in Weiß, von je 17 LM und 4 Luftmaschenketten, auch je 2 in Schwarz und Weiß, von je 15 LM herstellen. Die Luftmaschenketten über Kreuz in der Mitte zusammennähen.

Filzen: Die Blüte zusammen mit Handtüchern bei 60 °C, gedrückter Spartaste oder im Kurzprogramm mit etwas Waschmittel in der Waschmaschine filzen.

Fertigstellung: Die Blüte in Form ziehen und trocknen lassen. Die Perle in der Mitte aufnähen, die Broschennadel hinten befestigen.

Rose

MATERIAL

- *Reste von Coats Wash + Filz-it in Rosé (100 % Schurwolle, LL = 50 m/50 g)*
- *Stricknadeln Nr. 8*
- *Broschennadel*
- *Reste von grünem Filz*
- *Perle*

ANLEITUNG

4 M in Rosé anschlagen und 40 R glatt rechts stricken.

Filzen: Den Strickstreifen zusammen mit Handtüchern bei 60 °C, gedrückter Spartaste oder im Kurzprogramm mit etwas Waschmittel in der Waschmaschine filzen.

Fertigstellung: Den Strickstreifen in Form ziehen und trocknen lassen. Anschließend zu einer Rosenblüte aufwickeln und zusammennähen. Die Perle in der Mitte und die Broschennadel hinten annähen. Aus dem grünen Filz zwei Blätter ausschneiden und an der Blüte befestigen.

Schlingenblüte

MATERIAL

- *Reste von Coats Wash + Filz-it in Rosé und Burgund (100 % Schurwolle, LL = 50 m/50 g)*
- *Reste von Schachenmayr nomotta Two in One in Ondé Wein (63 % Polyacryl, 32 % Schurwolle, 5 % Polyester, LL = 80 m/50 g)*
- *Nadelspiel Nr. 8*
- *Broschennadel*
- *Perle*

ANLEITUNG

Insgesamt 3 Strickschläuche anfertigen: Für jeden Strickschlauch mit 2 Nadeln des Nadelspiels zwei Maschen anschlagen. Die M einmal rechts abstricken, am Ende der R die Nadel nicht umdrehen, sondern die M auf der Nadel wieder nach vorne schieben und erneut rechts abstricken. Diesen Vorgang wiederholen, und so einen Schlauch von 100 cm Länge in Rosé stricken, einen 90 cm langen in Burgund und einen 86 cm langen in Ondé Wein. Am Ende jeweils die M zusammenziehen und die Fäden vernähen.

Filzen: Die Strickschläuche zusammen mit Handtüchern bei 60 °C, gedrückter Spartaste oder im Kurzprogramm mit etwas Waschmittel in der Waschmaschine filzen.

Fertigstellung: Die Strickschläuche in Form ziehen und trocknen lassen. Anschließend die einzelnen Strickschläuche zu Blütenblättern formen, zusammennähen und die Perle aufnähen. Die Broschennadel hinten befestigen.

Schmuckset

MATERIAL

- *Reste von Coats Wash + Filz-it in Petrol, Mint und Schoko (100 % Schurwolle, LL = 50 m/50 g)*
- *Nadelspiel Nr. 8*
- *Rocaillesperlen, Wachsperlen*
- *Kunststoffringschiene*
- *Broschennadel*

ANLEITUNG

Für jeden **Armreifen** einen Strickschlauch anfertigen. Dazu mit 2 Nadeln des Nadelspiels Nr. 8 fünf Maschen einer Farbe anschlagen. Die M einmal rechts abstricken, am Ende der R die Nadel nicht umdrehen, sondern die M auf der Nadel wieder nach vorne schieben und erneut rechts abstricken. Diesen Vorgang wiederholen. Nach 28 cm die M zusammenziehen und den Schlauch zu einem Kreis zusammennähen, Fäden vernähen.

Für die **Brosche** einen Strickschlauch mit 3 M wie oben beschrieben anfertigen. Dabei 8 cm in Schoko arbeiten, 18 cm in Petrol und 31 cm in Mint. Anschließend die M zusammenziehen und die Fäden vernähen.

Für den **Ring** einen Strickschlauch mit 2 M wie oben beschrieben anfertigen. 26 cm in Petrol stricken, dann die M zusammenziehen und die Fäden vernähen.

Filzen: Alle Teile zusammen mit Handtüchern bei 60 °C, gedrückter Spartaste oder im Kurzprogramm mit etwas Waschmittel in der Waschmaschine filzen.

Fertigstellung: Alle Teile in Form ziehen und trocknen lassen.

Für den **Armreifen** die Perlen, wie in der Abbildung zu sehen, aufnähen.

Für die **Schneckenbrosche** den Strickschlauch schneckenförmig aufrollen und zusammennähen. Anschließend die Perlen wie abgebildet aufnähen und die Broschennadel hinten befestigen.

Für den **Ring** den Strickschlauch schneckenförmig aufrollen und zusammennähen. Anschließend die Perlen wie abgebildet aufnähen. Das schneckenförmige Ringteil auf die Kunststoffringschiene kleben.

Gürtel & Handytasche

Pfiffiger Gürtel

MATERIAL

- *100 g Schachenmayr nomotta Two in One in Ondé Spirit Nr. 95 (63 % Polyacryl, 32 % Schurwolle, 5 % Polyester, LL = 80 m/50 g)*
- *100 g Schachenmayr nomotta Alpaka in Natur Nr. 02 (100 % Alpaka, LL = 100 m/50 g)*
- *Stricknadeln Nr. 10*
- *1 farblich passender Knopf, 3 cm Ø*

Kraus rechts
Hinreihe rechte M, Rückreihe rechte M

Maschenprobe
Vor dem Filzen:
10 M und 15 R = 10 x 10 cm
Nach dem Filzen:
10 M und 15 R = 7 x 7,5 cm

Fertige Größe
Länge: 100 cm
Breite: 10 cm

ANLEITUNG

5 M mit beiden Garnen zusammen anschlagen und kraus rechts stricken. 5 x in jeder 4. R beidseitig je 1 M zunehmen (= 15 M), insgesamt 180 R stricken. In R 181 (nach insgesamt ca. 90 cm) beidseitig je 1 M abnehmen, dasselbe noch 4 x in jeder 4. R wiederholen, zuletzt die restlichen 5 M abketten.

Filzen: Den Gürtel zusammen mit Handtüchern bei 60 °C, gedrückter Spartaste oder im Kurzprogramm mit etwas Waschmittel in der Waschmaschine filzen.

Fertigstellung: Den Gürtel in Form ziehen und trocknen lassen. Das Knopfloch einschneiden, mit Knopflochstich fixieren, anschließend den Knopf annähen.

Handytasche

MATERIAL

- *Coats Wash + Filz-it (100 % Schurwolle, LL = 50 m/50 g)*
  50 g in Petrol
  50 g in Mint
- *Nadelspiel Nr. 8*
- *Schmucksteine zum Aufnähen*
- *Druckknopf, 12 mm Ø*

Glatt rechts
In Runden rechte Maschen

Für die Taschenklappe
Hinreihe rechte M, Rückreihe linke M

Maschenprobe
Vor dem Filzen:
11 M und 14 R = 10 x 10 cm
Nach dem Filzen:
11 M und 14 R = 8 x 7 cm

Fertige Größe
6 x 11 cm

ANLEITUNG

Mit Nadelspiel Nr. 8 insgesamt 18 M in Petrol anschlagen (3 Nadeln mit jeweils 4 M und 1 Nadel mit 6 M). 22 Runden stricken, dann 9 M abketten und für die Klappe mit den restlichen 9 M nochmals 12 R in Hin- und Rückreihen glatt rechts stricken.

Für den **Träger** einen Strickschlauch anfertigen. Dazu mit 2 Nadeln des Nadelspiels Nr. 8 vier Maschen anschlagen. Die M einmal rechts abstricken, am Ende der R die Nadel nicht umdrehen, sondern die M auf der Nadel wieder nach vorne schieben und erneut mit rechten M abstricken. Diesen Vorgang wiederholen, dabei zuerst 20 cm in Farbe Mint arbeiten, dann 20 cm in Petrol, 40 cm in Mint, 20 cm in Petrol und nochmals 20 cm in Mint. Nach insgesamt 120 cm die M zusammenziehen und die Fäden vernähen.

Filzen: Die Handytasche und den Träger zusammen mit Handtüchern bei 60 °C, gedrückter Spartaste oder im Kurzprogramm mit etwas Waschmittel in der Waschmaschine filzen.

Fertigstellung: Die Tasche und den Träger in Form ziehen und trocknen lassen. Die beiden Teile des Druckknopfs innen an der Taschenklappe und auf der Vorderseite der Tasche annähen. Die Schmucksteine auf die Klappe aufnähen und den Träger an den Seiten befestigen.

Armstulpen

MATERIAL

- *100 g Schachenmayr nomotta Two in One in Ondé Wein (63 % Polyacryl, 32 % Schurwolle, 5 % Polyester, LL = 80 m/50 g)*
- *Nadelspiel Nr. 9*

Glatt rechts
In Runden rechte M

Maschenprobe
Vor dem Filzen:
11 M und 17 R = 10 x 10 cm
Nach dem Filzen:
11 M und 17 R = 7 x 6 cm

ANLEITUNG

Für eine Armstulpe 30 M verteilt auf 4 Nadeln anschlagen, d. h. 3 x 8 M und 1 x 6 M. Dann glatt rechts weiterstricken und dabei 4 x in jeder 10. Runde 2 M gleichmäßig verteilt zunehmen (= 38 M). Nach insgesamt 42 Runden abketten und die Fäden vernähen.
Die zweite Stulpe genauso arbeiten.

Für die Fransen für jede Stulpe ca. 40 Fäden à 25 cm abschneiden. Jeweils 2 Fäden zur Hälfte legen und an jeder Anschlagmasche ein Paar davon mit einer Häkelnadel anknüpfen.

Filzen: Die Stulpen zusammen mit Handtüchern bei 60 °C, gedrückter Spartaste oder im Kurzprogramm mit etwas Waschmittel in der Waschmaschine filzen.

Fertigstellung: Die Stulpen in Form ziehen, gegebenenfalls die Fransen kürzen und auseinanderziehen. Trocknen lassen.

Kleine Tasche

MATERIAL

- *Coats Wash + Filz-it (100 % Schurwolle, LL = 50 m/50 g) 50 g in Burgund 50 g in Rosé*
- *Stricknadeln Nr. 8*
- *Perlenband*

Glatt rechts
Hinreihe rechte M, Rückreihe linke M

Maschenprobe
Vor dem Filzen:
11 M und 14 R = 10 x 10 cm
Nach dem Filzen:
11 M und 14 R = 8 x 7 cm

Fertige Größe
12 x 15 cm
Umschlaghöhe: 5 cm

ANLEITUNG

21 M in Burgund anschlagen und 48 R stricken, anschließend noch 10 R in Rosé stricken, dann abketten.

Für die Kugel 3 M in Rosé anschlagen, die Anfertigung erfolgt entsprechend der Kugeln auf S. 38.

Ausarbeitung: Die Tasche an den Seiten zusammennähen, der Teil in Rosé ergibt den Umschlag. An die abgekettete Reihe des roséfarbenen Streifens für die Verschlussschlaufe eine LM-Kette in Burgund mit 12 LM mit jeweils gleichem Abstand vom rechten und linken Seitenrand anhäkeln.

Filzen: Die Kugel in einen Wäschesack stecken und zusammen mit der Tasche und Handtüchern bei 60 °C, gedrückter Spartaste oder im Kurzprogramm mit etwas Waschmittel in der Waschmaschine filzen.

Fertigstellung: Die kleine Tasche in Form ziehen und trocknen lassen. Die Kugel annähen und das Perlenband knapp unter dem Rand des Umschlags von Hand festheften.

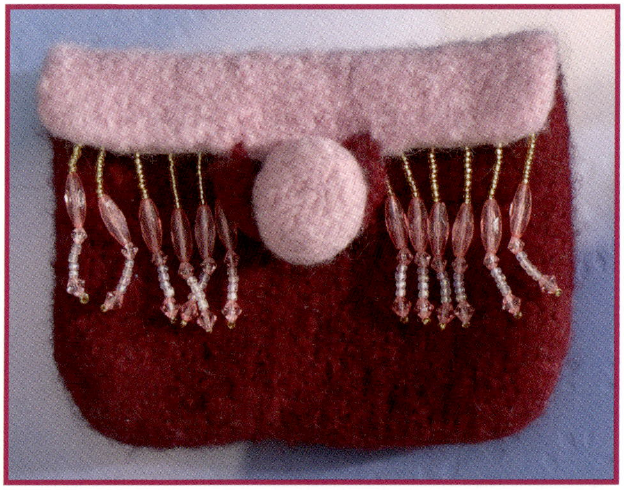

Perlenstulpen

Armstulpen

MATERIAL

- *Coats Wash + Filz-it (100 % Schurwolle, LL = 50 m/50 g) 50 g in Rosé 50 g in Burgund*
- *Nadelspiel Nr. 8*
- *Wachsperlen in Weiß*

Glatt rechts
In Runden rechte M

Maschenprobe
Vor dem Filzen:
11 M und 14 R = 10 x 10 cm
Nach dem Filzen:
11 M und 14 R = 8 x 7 cm

ANLEITUNG

Mit Nadelspiel Nr. 8 insgesamt 28 M in Rosé anschlagen (7 M je Nadel). Glatt rechts stricken, dabei in der 9., 18. und 27. Runde gleichmäßig verteilt 2 M zunehmen (= 34 M). Die ersten 12 Runden in Rosé und anschließend 16 Runden in Burgund arbeiten. Nach insgesamt 28 Runden abketten.

Filzen: Die Stulpen zusammen mit Handtüchern bei 60 °C, gedrückter Spartaste oder im Kurzprogramm mit etwas Waschmittel in der Waschmaschine filzen.

Fertigstellung: Die Stulpen in Form ziehen und trocknen lassen. Am unteren, roséfarbenen Rand der Stulpen die Perlen ganz dicht nebeneinander, am Farbübergang die Perlen mit etwas Abstand annähen.

Gürteltasche

MATERIAL

- *Coats Wash + Filz-it (100 % Schurwolle, LL = 50 m/50 g) 50 g in Burgund*
- *Reste von Brazilia in Rosé*
- *Nadelspiel Nr. 8*
- *Filzherz in Rosa*
- *Perle*

Glatt rechts
In Runden rechte Maschen

Maschenprobe
Vor dem Filzen:
11 M und 14 R = 10 x 10 cm
Nach dem Filzen:
11 M und 14 R = 8 x 7 cm

Fertige Größe
9 x 13 cm

ANLEITUNG

Mit Nadelspiel Nr. 8 insgesamt 24 M in Burgund anschlagen, d. h 6 M je Nadel. 20 R glatt rechts, danach 5 R mit doppeltem Faden in Brazilia Rosé stricken und abketten.

Filzen: Die Gürteltasche zusammen mit Handtüchern bei 60 °C, gedrückter Spartaste oder im Kurzprogramm mit etwas Waschmittel in der Waschmaschine filzen.

Fertigstellung: Die Tasche in Form ziehen und trocknen lassen. Das Filzherz und die Perle aufnähen. An der Rückseite zwei Längsschnitte in Gürtelbreite anbringen und mit Knopflochstich umnähen.

SAMSUNG

Stirnband & Schalkragen

Stirnband

MATERIAL

- *50 g Schachenmayr nomotta Alpaka in Trüffel (100 % Alpaka, LL = 100 m/50 g)*
- *50 g Schachenmayr nomotta Brazilia in Blütenrosa (100 % Polyester, LL = 90 m/50 g)*
- *Rundstricknadel Nr. 10*

Glatt rechts
In Runden rechte M

Maschenprobe
Vor dem Filzen:
11 M und 14 R = 10 x 10 cm
Nach dem Filzen:
11 M und 14 R = 8 x 6,5 cm

Fertige Größe
Umfang: 55 cm
Breite: 6 cm

ANLEITUNG

75 M mit Brazilia und Alpaka zusammen anschlagen und 13 Runden stricken, dann abketten.

Filzen: Das Stirnband zusammen mit Handtüchern bei 60 °C, gedrückter Spartaste oder im Kurzprogramm mit etwas Waschmittel in der Waschmaschine filzen.

Fertigstellung: Das Stirnband in Form ziehen und trocknen lassen. Falls es nach dem ersten Filzvorgang noch zu weit sein sollte, ein zweites Mal bei gleicher Temperatur filzen.

Schalkragen

MATERIAL

- *100 g Schachenmayr nomotta Two in One in Ondé Wein (63 % Polyacryl, 32 % Schurwolle, 5% Polyester, LL = 80 m/50 g)*
- *100 g Schachenmayr nomotta Alpaka in Natur (100 % Alpaka, LL = 100 m/50 g)*
- *Stricknadeln Nr. 10*
- *1 Knopf, ca. 3,5 cm Ø*

Kraus rechts
Hinreihe rechte M, Rückreihe rechte M

Maschenprobe
Vor dem Filzen:
10 M und 15 R = 10 x 10 cm
Nach dem Filzen:
10 M und 15 R = 7 x 7,5 cm

Fertige Größe
12 cm breit, 100 cm lang

ANLEITUNG

6 M mit beiden Fäden zusammen anschlagen, kraus rechts stricken. 6 x in jeder 3. R beidseitig je 1 M zunehmen (= 18 M). Insgesamt 182 R stricken. Ab R 183 (nach insgesamt 91 cm) 6 x in jeder 3. R beidseitig je 1 M abnehmen, dann die restl. 6 M abketten.

Filzen: Den Schal zusammen mit Handtüchern bei 60 °C, gedrückter Spartaste oder im Kurzprogramm mit etwas Waschmittel in der Waschmaschine filzen.

Fertigstellung: Den Schal in Form ziehen und trocknen lassen. Das Knopfloch einschneiden und mit Knopflochstich umnähen, anschließend den Knopf annähen.

Individuelle Schals

Bunter Schal

MATERIAL

- *Schachenmayr nomotta 1-2-3-Schal in Schwarz, 220 cm (71 % Polyacryl, 15 % Mohair, 14 % Polyamid)*
- *Coats Wash + Filz-it in verschiedenen Farben (Reste) (100 % Schurwolle, LL = 50 m/50 g)*
- *Gardinenstoff, ca. 250 cm lang*

ANLEITUNG

Jeweils 3 bunte Fäden Wash + Filz-it quer in das Gitternetz des Schals einziehen, die Fäden rechts und links ca. 7–8 cm überstehen lassen. So in jeder 2. Gitterreihe Fäden durchziehen, dazwischen bleibt immer eine Reihe frei.

Anschließend den Schal auf den Gardinenstoff legen und beide zusammen einrollen. Dabei darauf achten, dass die überstehenden Fäden rechts und links nicht übereinanderliegen bzw. dass sie gerade liegen. Um die so entstandene Rolle anschließend noch ein Handtuch wickeln. Die Handtuchrolle in einen Kopfkissenbezug stecken, wieder zusammenrollen und mit 1–2 Kabelbindern oder Bindfaden fest zusammenbinden.

Filzen: Die Rolle zusammen mit Handtüchern bei 60 °C, gedrückter Spartaste oder im Kurzprogramm mit etwas Waschmittel in der Waschmaschine filzen.

Fertigstellung: Den Schal auswikkeln, vorsichtig aus dem Gardinenstoff lösen und trocknen lassen.

Schal in Ecru

MATERIAL

- *Schachenmayr nomotta 1-2-3-Schal in Ecru, 200 cm (71 % Polyacryl, 15 % Mohair, 14 % Polyamid)*
- *Coats Wash + Filz-it in Schoko, Sienna, Weiß und Schwarz (Reste) (100 % Schurwolle, LL = 50 m/50 g)*
- *Gardinenstoff, ca. 250 cm lang*

ANLEITUNG

Jeweils 4 Fäden Wash + Filz-it beliebiger Farbe der Länge nach einziehen und dabei an beiden Enden ca. 20 cm Fransen überstehen lassen. Jeweils eine bis zwei Gitterreihen dazwischen freilassen.

Anschließend den Schal auf den Gardinenstoff legen und zusammenrollen. Dabei darauf achten, dass die Fransen nicht übereinanderliegen bzw. dass sie gerade liegen. Um die so entstandene Rolle anschließend noch ein Handtuch wickeln. Die Handtuchrolle in einen Kopfkissenbezug stecken, wieder zusammenrollen und mit 1–2 Kabelbindern oder Bindfaden fest zusammenbinden.

Filzen: Die Rolle zusammen mit Handtüchern bei 60 °C, gedrückter Spartaste oder im Kurzprogramm mit etwas Waschmittel in der Waschmaschine filzen.

Fertigstellung: Den Schal auswikkeln, vorsichtig aus dem Gardinenstoff lösen und trocknen lassen.

Wintermütze & Armstulpen

Mütze

MATERIAL

- *Coats Wash + Filz-it (100 % Schurwolle, LL = 50 m/50 g)*
  200 g in Sienna
  50 g in Schoko
- *Rundstricknadel Nr. 8*
- *2 Knöpfe in Braun, 2,5 cm Ø*

Glatt rechts

Für die Ohrenklappen: Hinreihe rechte M, Rückreihe linke M
Für die Mütze: In Runden rechte M

Maschenprobe

Vor dem Filzen:
11 M und 14 R = 10 x 10 cm
Nach dem Filzen:
11 M und 14 R = 8 x 7 cm

Fertige Größe

Für Kopfumfang von ca. 56 cm

ANLEITUNG

Mit Rundstricknadel Nr. 8 zuerst die beiden Ohrenklappen einzeln in Sienna stricken. Dafür 4 M anschlagen und 7 x in jeder 2. R beidseitig je 1 M zunehmen (= 18 M). Nach der 15. R die Maschen stilllegen (auf der Rundstricknadel liegen lassen) und die 2. Ohrenklappe genauso stricken.

Mit der Rundstricknadel 5 M anschlagen, dann die erste Ohrenklappe mit 18 M dazunehmen. Anschließend 28 M anschlagen, die zweite Ohrenklappe mit 18 M dazunehmen und nochmals 5 M anschlagen (= 74 M). Ab jetzt in Runden glatt rechts stricken. Den Rundenanfang markieren und 21 Rd stricken. In Rd 23 gleichmäßig verteilt 4 x 1 M abnehmen (= 70 M). In Rd 25 gleichmäßig verteilt 7 x 1 M abnehmen, ebenso in Rd 26, 29, 32, 35 und in Rd 41. Die restlichen 21 M zusammenziehen und den Faden vernähen.

Filzen: Die Mütze zusammen mit Handtüchern bei 60 °C, gedrückter Spartaste oder im Kurzprogramm mit wenig Waschmittel in der Waschmaschine filzen.

Fertigstellung: Die Mütze in Form ziehen und trocknen lassen. Einen Pompon aus Sienna und Schoko herstellen und annähen. Zwei Drehkordeln aus beiden Farben herstellen und mit dem Knopf an jede Ohrenklappe annähen.

Armstulpen

MATERIAL

- *Coats Wash + Filz-it (100 % Schurwolle, LL = 50 m/50 g)*
  50 g in Sienna
  50 g in Schoko
- *Nadelspiel Nr. 8*

Glatt rechts

In Runden rechte M

Maschenprobe

Vor dem Filzen:
11 M und 14 R = 10 x 10 cm
Nach dem Filzen:
11 M und 14 R = 8 x 7 cm

ANLEITUNG

Mit Nadelspiel Nr. 8 insgesamt 28 M in Schoko anschlagen (7 M je Nadel). In Runden rechts stricken. Dabei in jeder Runde die Farbe wechseln. In der 9., 18. und 27. Runde gleichmäßig verteilt jeweils 2 M zunehmen (= 34 M). Nach insgesamt 28 Runden abketten. Die zweite Stulpe genauso arbeiten. Die Fäden vernähen.

Für die **Fransen** für jede Stulpe 16 Fäden je Farbe, 20 cm lang, abschneiden. Immer 2 Fäden zur Hälfte legen und in gleichmäßigem Abstand mithilfe einer Häkelnadel an die Anschlagmaschen anknüpfen.

Filzen: Die Stulpen zusammen mit Handtüchern bei 60 °C, gedrückter Spartaste oder im Kurzprogramm mit etwas Waschmittel in der Waschmaschine filzen.

Fertigstellung: Die Stulpen in Form ziehen und trocknen lassen.

Mütze & Brosche

Mütze

MATERIAL

- *100 g Schachenmayr nomotta Ego Tweed Vesuv Color (56 % Schurwolle, 40 % Polyacryl, 4 % Viskose, LL = 15 m/100 g)*
- *Nadelspiel Nr. 9*
- *Stricknadeln Nr. 8 für die Blüte*

Glatt rechts
In Runden rechte M

Maschenprobe
Vor dem Filzen:
11 M und 13 R = 10 x 10 cm
Nach dem Filzen:
11 M und 13 R = 8 x 6,5 cm

Fertige Größe
Für Kopfumfang von ca. 56 cm

ANLEITUNG

Mit dem Nadelspiel insgesamt 80 M anschlagen (20 M pro Nadel) und 22 Runden glatt rechts stricken. In der 23. Rd 8 x jede 9. und 10. M zusammenstricken (= 72 M). Ab jetzt 8 x in jeder 3. Rd gleichmäßig verteilt 8 M abnehmen. In der 48. Rd die restlichen 8 M mit einem Faden zusammenziehen und vernähen.

Für die **Zipfel** oben an der Mützenmitte einige Fäden Ego Tweed anknüpfen.

Filzen: Die Mütze zusammen mit Handtüchern bei 60 °C, gedrückter Spartaste oder im Kurzprogramm mit etwas Waschmittel in der Waschmaschine filzen.

Fertigstellung: Die Mütze in Form ziehen und trocknen lassen. Den unteren Rand von Hand ca. 2 cm breit umschlagen und festnähen.

Blütenbrosche

MATERIAL

- *Reste von Schachenmayr nomotta Ego Tweed Vesuv Color (56 % Schurwolle, 40 % Polyacryl, 4 % Viskose, LL = 15 m/100 g)*
- *Reste von Coats Wash + Filz-it in Petrol (100 % Schurwolle, LL = 50 m/50 g)*
- *Rocailles in Weiß*
- *Broschennadel*

ANLEITUNG

Für den **unteren Blütenkranz** und den **Blütenmittelpunkt** Wash + Filz-it in Petrol, für den **oberen Blütenkranz** Ego Tweed Vesuv Color verwenden.
Anleitung siehe S. 36.

Ausarbeitung: Die Blütenteile aufeinander nähen.

Filzen: Die Mütze zusammen mit Handtüchern bei 60 °C, gedrückter Spartaste oder im Kurzprogramm mit etwas Waschmittel in der Waschmaschine filzen.

Fertigstellung: Die Blüte in Form ziehen und trocknen lassen. Kugel mit Rocailles verzieren. Broschennadel hinten befestigen.

Kindermuff & Stirnband

Kindermuff

MATERIAL

- *Coats Wash + Filz-it (100 % Schurwolle, LL = 50 m/50 g) 150 g in Hellblau 50 g in Weiß*
- *Nadelspiel Nr. 8*

Schneemann:
- *Filzwolle in Weiß, Schwarz und bunte Reste, z. B. Filz-it von Coats*
- *Filznadel, Filzunterlage*
- *Ca. 20 cm Karoband, Perlen in Sternform*

Glatt rechts
In Runden rechte M

Maschenprobe
Vor dem Filzen:
11 M und 14 R = 10 x 10 cm
Nach dem Filzen:
11 M und 14 R = 8 x 7 cm

Fertige Größe
Umfang: 35 cm
Länge: 24,5 cm
Trägerlänge: 93 cm

ANLEITUNG

Mit dem hellblauen Garn und dem Nadelspiel Nr. 8 insgesamt 48 M anschlagen, also 12 M pro Nadel. 49 Runden glatt rechts stricken, dann abketten.

Für den Schneemann die Filzwolle mit der Filznadel auf die Vorderseite auffilzen. Dazu den Muff auf eine dickere, weiche Unterlage, z. B. eine Schaumstoffplatte, legen. Die Wolle für das Motiv auflegen und mit einer Filznadel immer wieder hineinstechen. Die Wolle wird so mit dem Untergrund verwoben und immer mehr verdichtet. Das Motiv dabei um ca. 1/3 größer anlegen, da es später beim Waschen mitschrumpft. Der Schneemann kann auch nach dem Waschen aufgefilzt werden, allerdings verbindet sich das Material besser mit dem Untergrund, wenn das Motiv vorher mitgewaschen wird.

Für die Fransen pro Seite ca. 23 Fransenpaare, d.h. je 1 Faden in Hellblau und 1 Faden in Weiß anknüpfen. Dazu die Fäden jeweils ca. 24 cm lang abschneiden, zur Hälfte legen und mithilfe einer Häkelnadel anknüpfen.

Für den Träger einen Strickschlauch anfertigen. Dazu 2 Nadeln des Nadelspiels Nr. 8 zur Hand nehmen und vier Maschen anschlagen. Die M einmal abstricken, am Ende der R die Nadel nicht umdrehen, sondern die M auf der Nadel nach vorne schieben und wieder abstrikken. Diesen Vorgang so oft wiederholen bis ein Schlauch von ca. 120 cm entstanden ist.

Filzen: Den Muff und den Träger zusammen mit Handtüchern bei 60 °C, gedrückter Spartaste oder im Kurzprogramm mit etwas Waschmittel in der Waschmaschine filzen.

Fertigstellung: Den Muff in Form ziehen, ggf. die Fransen auseinanderziehen. Trocknen lassen. Den Träger an den Muff nähen, eine Schleife aus kariertem Band und die Sternperlen gemäß Abbildung aufnähen.

Kinderstirnband

MATERIAL

- *50 g Coats Wash + Filz-it in Hellblau (100 % Schurwolle, LL = 50 m/50 g)*
- *Nadelspiel Nr. 8 oder Rundstricknadel Nr. 8, 80 cm lang*
- *Knöpfe in verschiedenen Farben*
- *Bunte Satinbänder, 3 mm breit*

Glatt rechts
In Runden rechte M

Maschenprobe
Vor dem Filzen:
11 M und 14 R = 10 x 10 cm
Nach dem Filzen:
11 M und 14 R = 8 x 7 cm

Fertige Größe
Umfang: 53 cm
Breite: 7,5 cm

ANLEITUNG

Mit der Rundstricknadel oder dem Nadelspiel 74 M in Hellblau anschlagen und 15 Runden glatt rechts stricken, dann abketten.

Filzen: Das Stirnband zusammen mit Handtüchern bei 60 °C, gedrückter Spartaste oder im Kurzprogramm mit etwas Waschmittel in der Waschmaschine filzen.

Fertigstellung: Das Stirnband in Form ziehen und trocknen lassen. Die Knöpfe befestigen, dazu jeweils ein Satinband durch die Knopflöcher ziehen und oben auf dem Knopf verknoten. Die Enden ca. 1 cm lang stehen lassen.

Kindertasche & Geldbeutel

Kindertasche

MATERIAL

- *Coats Wash + Filz-it (100 % Schurwolle, LL = 50 m/50 g)*
  100 g in Rosé
  100 g in Pink
- *Stricknadeln Nr. 8*
- *Filzblüten in Türkis und Pink*

Glatt rechts
Hinreihe rechte M, Rückreihe linke M

Maschenprobe
Vor dem Filzen:
11 M und 14 R = 10 x 10 cm
Nach dem Filzen:
11 M und 14 R = 8 x 7 cm

Fertige Größe
Höhe: 21 cm
Breite: 20 cm
Taschenklappe: 12 cm
Trägerlänge: 90 cm

ANLEITUNG

Für die Tasche 28 M in Rosé anschlagen und 12 R stricken, dann 12 R in Pink. Nun abwechselnd alle 12 R die Farbe wechseln, bis insgesamt 108 R gestrickt sind, dann abketten.

Für die Träger jeweils einen Strickschlauch in Rosé und Pink anfertigen. Dazu 2 Nadeln des Nadelspiels Nr. 8 zur Hand nehmen und vier Maschen anschlagen. Die M einmal rechts abstricken, am Ende der R die Nadel nicht umdrehen, sondern die M auf der Nadel wieder nach vorne schieben und erneut von derselben Seite rechts abstricken. Diesen Vorgang wiederholen, bis ein Schlauch von ca. 115 cm entstanden ist. Den zweiten Schlauch genauso arbeiten.

Ausarbeitung: Die Seitenteile mit Matratzenstich zusammennähen, für die Klappe ca. 17,5 cm überstehen lassen. Beide Schläuche an den Enden zusammenknoten und an den Seitennähten der Tasche annähen.

Filzen: Die Tasche zusammen mit Handtüchern bei 60 °C, gedrückter Spartaste oder im Kurzprogramm mit etwas Waschmittel in der Waschmaschine filzen.

Fertigstellung: Die Tasche in Form ziehen und trocknen lassen. Die Filzblüten wie abgebildet aufnähen.

Geldbeutel

MATERIAL

- *50 g Coats Wash + Filz-it in Pink (100 % Schurwolle, LL = 50 m/50 g)*
- *Nadelspiel Nr. 8*
- *Filzblüte in Türkis*
- *Karoband, Satinband*
- *Reißverschluss in Pink, 10 cm lang*
- *Perle*

Glatt rechts
In Runden rechte M

Maschenprobe
Vor dem Filzen:
11 M und 14 R = 10 x 10 cm
Nach dem Filzen:
11 M und 14 R = 8 x 7 cm

Fertige Größe
12 x 8 cm

ANLEITUNG

33 M mit dem Nadelspiel anschlagen (3 Nadeln à 8 M und 1 Nadel à 9 M) und 16 Runden stricken, dann abketten.

Ausarbeitung: Den Geldbeutel unten zusammennähen.

Filzen: Den Geldbeutel zusammen mit Handtüchern bei 60 °C, gedrückter Spartaste oder im Kurzprogramm mit etwas Waschmittel in der Waschmaschine filzen.

Fertigstellung: Den Geldbeutel in Form ziehen und trocknen lassen. Die Filzblume und die Perle annähen, die Dekobänder seitlich anknüpfen und den Reißverschluss einnähen.

Tasche mit Blüte

MATERIAL

- *250 g Coats Wash + Filz-it in Petrol (100 % Schurwolle, LL = 50 m/50 g)*
- *150 g Coats Schachenmayr nomotta Two in One in Ondé Spirit (63 % Polyacryl, 32 % Schurwolle, 5 % Polyester, LL = 80 m/50 g)*
- *Reste Wash + Filz-it in Mint und Weiß*
- *Stricknadeln Nr. 9 für die Tasche*
- *Nadelspiel Nr. 8 für die Griffe*
- *Stricknadeln Nr. 8 für die Blüte*

Glatt rechts

Hinreihe rechte M, Rückreihe linke M

Maschenprobe

Vor dem Filzen:
9 M und 11 R = 10 x 10 cm
Nach dem Filzen:
9 M und 11 R = 8 x 7,5 cm

Fertige Größe

30 x 19 x 11 cm (B x H x T)

ANLEITUNG Tasche

Für die **Vorder- und Rückseite** mit Stricknadeln Nr. 9 35 M mit je einem Faden in Petrol und Ondé Spirit anschlagen und 29 R glatt rechts stricken, dann abketten. Das zweite Teil genauso stricken.

Für die **Boden- und Seitenteile** mit der gleichen Wolle und Stricknadeln Nr. 9 13 M anschlagen und 103 R stricken, dann abketten. Der Boden und die Seitenteile werden in einem Stück gestrickt.

Für die **Griffe** jeweils einen Strickschlauch in Petrol anfertigen. Dazu auf 2 Nadeln des Nadelspiels Nr. 8 vier Maschen anschlagen. Die M einmal abstricken, am Ende der R die Nadel nicht umdrehen, sondern die M auf der Nadel wieder nach vorne schieben und erneut von derselben Seite rechts abstricken. Diesen Vorgang so oft wiederholen, bis ein Schlauch von ca. 73 cm Länge entstanden ist. Die Maschen zusammenziehen und Anfang und Ende zu einem Kreis zusammennähen. Den zweiten Griff genauso arbeiten.

ANLEITUNG Blüte

Für den **unteren Blütenkranz** 12 M mit Stricknadeln Nr. 8 in Mint anschlagen. Für das erste Blütenblatt in R 1 die ersten 4 M links stricken, in der 2. R rechte M stricken und dabei gleichmäßig verteilt 4 M zunehmen (= 8 M). Die 3. und 4. R ohne Zunahme glatt rechts stricken, in der 5. R beidseitig je 1 M zunehmen (= 10 M). Die 6.–11. R ohne Zunahmen stricken, in der 12., 13. und 14. R beidseitig jeweils 1 M abnehmen, dazu je 2 M am Reihenende bzw. -anfang zusammenstricken. In der 15. R die restlichen 4 M abketten.
Die beiden anderen Blütenblätter genauso arbeiten.

Für den **oberen Blütenkranz** 12 M in Petrol anschlagen. Für das erste Blütenblatt über die ersten 4 M links stricken. In der 2. R gleichmäßig verteilt 4 M zunehmen (= 8 M). Die 3.–9. R ohne Zunahmen glatt rechts stricken. In der 10. und 11. R beidseitig jeweils 1 M abnehmen. In der 12. R die restlichen 4 M abketten. Die anderen beiden Blütenblätter genauso arbeiten.

Für den **Blütenmittelpunkt** eine Kugel stricken, dafür 3 M in Weiß anschlagen, dann eine R links stricken. In der 2. und 4. R jeweils am Reihenanfang und -ende eine M zunehmen. Die 5., 6. und 7. R ohne Zunahmen glatt rechts stricken, in der 8. und 10. R beidseitig je 1 M abnehmen. Die 11. R links stricken, dann die restlichen 3 M abketten und dabei ca. 10 cm Faden hängen lassen. Diesen Faden mithilfe einer Stopfnadel am Rand des Strickstücks entlang durchfädeln, zu einer Kugel zusammenziehen und die Fäden vernähen.

Ausarbeitung: Boden- und Seitenteile der Tasche mit der Vorder- und Rückseite im Matratzenstich zusammennähen. Die Blütenteile aufeinandernähen.

Filzen: Die Tasche, die Griffe und die Blüte zusammen mit Handtüchern bei 60 °C, gedrückter Spartaste oder im Kurzprogramm mit etwas Waschmittel in der Waschmaschine filzen.

Fertigstellung: Die Tasche, die Griffe und die Blüte in Form ziehen und trocknen lassen. Die Taschengriffe und die Blüte annähen.

Edle Tasche

MATERIAL

- *Coats Wash + Filz-it (100% Schurwolle, LL = 50 m/50 g) 250 g in Schwarz Reste in verschiedenen Farben (ca. 50 g)*
- *Stricknadeln Nr. 8*
- *Kunstleder-Taschengriffe in Schwarz*

Glatt rechts

Hinreihe rechte M, Rückreihe linke M

Maschenprobe

Vor dem Filzen:
11 M und 14 R = 10 x 10 cm
Nach dem Filzen:
11 M und 14 R = 8 x 7 cm

Fertige Größe

17 x 41 cm
Boden: 8 x 35 cm

ANLEITUNG

Für die Vorder- und Rückseite 57 M in Schwarz anschlagen, 34 R glatt rechts stricken und abketten. Das zweite Teil genauso arbeiten.

Für den Boden 48 M anschlagen und 16 R stricken, dann abketten.

Für eine Kugel 3 M einer Farbe anschlagen, die erste R ist eine Rückreihe, danach glatt rechts stricken. In der 2. und 4. R am Reihenanfang und -ende jeweils 1 M zunehmen (= 7 M). Die 5., 6. und 7. R ohne Zunahmen stricken, in der 8. und 10. R jeweils am Reihenanfang und -ende 1 M abnehmen. Die 11. R stricken, dann die restlichen 3 M abketten und dabei ca. 10 cm Faden hängen lassen. Diesen Faden mithilfe einer Stopfnadel am Rand des Strickstücks entlang durchfädeln, zu einer Kugel zusammenziehen und die Fäden vernähen. Auf diese Weise insgesamt 30 Kugeln anfertigen.

Ausarbeitung: Die Seitenteile der Tasche mit dem Matratzenstich zusammennähen und anschließend den Boden einnähen.

Filzen: Die Kugeln in einen Wäschesack stecken und zusammen mit der Tasche und den Handtüchern bei 60 °C, gedrückter Spartaste oder im Kurzprogramm mit etwas Waschmittel in der Waschmaschine filzen.

Fertigstellung: Die Tasche und die Kugeln in Form ziehen und trocknen lassen. Die Taschengriffe annähen. Dann die Kugeln farblich verteilt am oberen Rand der Tasche annähen.

Elegante Tasche

Tasche

MATERIAL

- *Coats Wash + Filz-it (100 % Schurwolle, LL = 50 m/50 g)*
  150 g in Mango
  50 g in Schwarz
- *Stricknadeln Nr. 8*
- *Reißverschluss, schwarz, 40 cm lang*
- *Verschiedene Perlen*
- *1 Paar Taschengriffe aus Holz, schwarz, 18 x 11 cm*

Glatt rechts
Hinreihe rechte M, Rückreihe linke M

Maschenprobe
Vor dem Filzen:
12 M und 15 R = 10 x 10 cm
Nach dem Filzen:
12 M und 15 R = 8 x 8 cm

Fertige Größe
22 x 30 cm

ANLEITUNG

50 M in Mango anschlagen und 15 R glatt rechts stricken, danach 11 R in Schwarz stricken, 30 R in Mango, 11 R in Schwarz und 15 R in Mango. Dann nach insgesamt 82 R abketten.

Ausarbeitung: Die Tasche an den Seiten mit dem Matratzenstich zusammennähen.

Filzen: Die Tasche zusammen mit Handtüchern bei 60 °C, gedrückter Spartaste oder im Kurzprogramm mit etwas Waschmittel in der Waschmaschine filzen.

Fertigstellung: Die Tasche in Form ziehen und trocknen lassen. Den Reißverschluss von Hand einnähen. Die Perlen auf den schwarzen Streifen der Vorderseite aufnähen, die Holzgriffe annähen.

Handytasche

MATERIAL

- *50 g Coats Wash + Filz-it in Schwarz (100 % Schurwolle, LL = 50 m/50 g)*
- *25 g Anchor Arista in Silber (20 % Metal. Polyester, 80 % Viskose, LL 25 g/100 m)*
- *Nadelspiel Nr. 8*
- *Druckknopf, 12 mm Ø*
- *Dekorativer Knopf*

Glatt rechts
In Runden rechte Maschen

Für die Taschenklappe
Hinreihe rechte M, Rückreihe linke M

Maschenprobe
Vor dem Filzen:
11 M und 12 R = 10 x 10 cm
Nach dem Filzen:
11 M und 12 R = 8 x 7 cm

Fertige Größe
6 x 11 cm

ANLEITUNG

Mit Nadelspiel Nr. 8 insgesamt 18 M mit beiden Garnen anschlagen (3 Nadeln mit jeweils 4 M und 1 Nadel mit 6 M). 20 Runden stricken. Dann 9 M abketten und über die restlichen 9 M für die Taschenklappe nochmals 11 R glatt rechts stricken.

Filzen: Die Handytasche zusammen mit Handtüchern bei 60 °C, gedrückter Spartaste oder im Kurzprogramm mit etwas Waschmittel in der Waschmaschine filzen.

Fertigstellung: Die Tasche in Form ziehen und trocknen lassen. Den Druckknopf innen und den dekorativen Knopf außen an die Taschenklappe nähen.

Handtasche

MATERIAL

- *Coats Wash + Filz-it (100 % Schurwolle, LL = 50 m/50 g) 200 g in Schoko 200 g in Sienna*
- *Stricknadeln Nr. 12*
- *Häkelnadel Nr. 10*

Kraus rechts

Hinreihe rechte M, Rückreihe rechte M
Es wird mit zwei Fäden gestrickt, auch bei der Maschenprobe

Maschenprobe

Vor dem Filzen:
8 M und 11 R = 10 x 10 cm
Nach dem Filzen:
8 M und 11 R = 8 x 8 cm

Fertige Größe

33 x 23 cm (B x H)

ANLEITUNG

Die Tasche wird von oben nach unten in einem Stück kraus rechts gestrickt. Mit zwei Fäden 33 M anschlagen und 6 R stricken. Für den Griffschlitz in der 7. R 10 M stricken, 13 M abketten, 10 M stricken. In der 8. R 10 M stricken, für die vorher abgeketteten M wieder 13 M anschlagen und 10 M stricken. Ab jetzt 66 R stricken. In der R 67 10 M stricken, 13 M abketten, 10 M stricken. In R 68 die abgeketteten M wieder anschlagen und noch 6 R stricken, dann abketten.

Für die Wuschelblume 4 Luftmaschenketten mit jeweils 17 LM und 4 Luftmaschenketten mit jeweils 13 LM häkeln. Die Ketten kreuzweise übereinanderlegen und in der Mitte zusammen annähen.

Ausarbeitung: Die seitlichen Nähte schließen.

Filzen: Die Tasche zusammen mit der Wuschelblume und Handtüchern bei 60 °C, gedrückter Spartaste oder im Kurzprogramm mit etwas Waschmittel in der Waschmaschine filzen.

Fertigstellung: Die Tasche und die Wuschelblume in Form ziehen und trocknen lassen, anschließend die Blume von Hand annähen.

Originelle Hauspuschen

Material und Anleitung siehe Seite 46 und 47.

Fliederfarbene Hauspuschen

Abbildung Seite 44/45

MATERIAL

- *200 g Coats Wash + Filz-it in Flieder (100 % Schurwolle, LL = 50 m/50 g)*
- *Stricknadeln Nr. 8*

Glatt rechts

Hinreihe rechte M, Rückreihe linke M

Maschenprobe

Vor dem Filzen:
11 M und 14 R = 10 x 10 cm
Nach dem Filzen:
11 M und 14 R = 8 x 7 cm

Fertige Größe

Sohlenlänge: 25 cm
(passend für Schuhgröße 38/39)

ANLEITUNG

37 M anschlagen und 50 R glatt rechts stricken, dabei mit einer Rückreihe beginnen. Die M nicht abketten, sondern den Faden ca. 20 cm lang abschneiden, durch die M fädeln, zusammenziehen und vernähen. Dies ergibt die Schuhspitze. Den zweiten Schuh genauso stricken.

Ausarbeitung: Die obere Naht mit Matratzenstich zusammennähen, dabei für den Fußeinstieg ca. 17 cm offen lassen. Die Fersennaht schließen.

Die **Zipfel** von außen an den oberen Rand des fertig zusammengenähten Hausschuhs stricken, und zwar auf jeder Seite einzeln. Dafür auf jeder Seite 18 M aus dem Rand herausstricken, dann 4 R glatt rechts stricken, beginnend mit einer Rückreihe. Jetzt jeden Zipfel einzeln weiterarbeiten. Für den ersten Zipfel über die ersten 6 M 2 R im Grundmuster stricken. In der 3. R beidseitig je 1 M abnehmen (= 4 M). Die 4. und 5. R glatt rechts stricken, in der 6. R wieder beidseitig je 1 M abnehmen (= 2M), die 7. und 8. R im Grundmuster stricken und in der 9. R abketten. Die zwei weiteren Zacken ebenso stricken. Auf der anderen Schuhseite wiederholen.

Für die **bunten Kugeln** alle Fadenabschnitte vom Vernähen der Fäden sammeln, pro Schuh 6 walnussgroße Kugeln formen und in einen Seidenstrumpf geben. Zwischen den einzelnen Kugeln Knoten in den Strumpf machen und die Kugeln so fixieren.

Filzen: Die Schuhe und die Kugeln in den Seidenstrümpfen zusammen mit Handtüchern bei 60 °C, gedrückter Spartaste oder im Kurzprogramm mit etwas Waschmittel in der Waschmaschine filzen.

Fertigstellung: Die Schuhe in Form ziehen, eventuell auf Schuhspannern trocknen lassen. Die Kugeln von Hand an die Zipfel nähen.

Tipp

Falls die Kugeln nach dem ersten Waschgang noch unförmig sein sollten, diese einfach in ein Wäschenetz geben und nochmals waschen.

Hauspuschen mit Wuschelblume

Abbildung Seite 44/45

MATERIAL

- *200 g Coats Wash + Filz-it in Pink (100 % Schurwolle, LL = 50 m/50 g)*
- *100 g Schachenmayr nomotta Two in One in Ondé Wein (63 % Polyacryl, 32 % Schurwolle, 5 % Polyester, LL = 80 m/50 g)*
- *Stricknadeln Nr. 9*
- *Häkelnadel Nr. 10*

Glatt rechts
Hinreihe rechte M, Rückreihe linke M

Maschenprobe
Vor dem Filzen:
9 M und 11 R = 10 x 10 cm
Nach dem Filzen:
9 M und 11 R = 8 x 7 cm

Fertige Größe
Sohlenlänge: 26 cm
(passend für Schuhgröße 39/40)

ANLEITUNG

32 M mit beiden Garnen anschlagen und 40 R glatt rechts stricken, beginnend mit einer Rückreihe. Die M nicht abketten, sondern die Fäden ca. 20 cm lang abschneiden und durch die M fädeln, zusammenziehen und vernähen. Dies ergibt die Schuhspitze. Den zweiten Schuh genauso stricken.

Ausarbeitung: Die obere Naht mit Matratzenstich zusammennähen, dabei für den Fußeinstieg ca. 20 cm offen lassen. Fersennaht schließen.

Für die Wuschelblume 4 LM-Ketten mit jeweils 17 LM und 4 LM-Ketten mit jeweils 15 M häkeln. Die LM-Ketten über Kreuz aufeinanderlegen und in der Mitte festnähen.

Filzen: Die Schuhe und die Wuschelblume zusammen mit Handtüchern bei 60 °C, gedrückter Spartaste oder im Kurzprogramm mit etwas Waschmittel in der Waschmaschine filzen.

Fertigstellung: Die Schuhe in Form ziehen, eventuell auf Schuhspannern trocknen lassen. Die Wuschelblume von Hand annähen.

Witzige Kinderpuschen

Abbildung Seite 44/45

MATERIAL

- *Coats Wash + Filz-it (100 % Schurwolle, LL = 50 m/50 g)*
  100 g in Mint
  100 g in Pink
- *Stricknadeln Nr. 8*

Glatt rechts
Hinreihe rechte M, Rückreihe linke M

Maschenprobe
Vor dem Filzen:
11 M und 14 R = 10 x 10 cm
Nach dem Filzen:
11 M und 14 R = 8 x 7 cm

Fertige Größe
Sohlenlänge: 22 cm
(passend für Schuhgröße 33/34)

ANLEITUNG

29 M in Mint anschlagen und 30 R stricken, dann noch 14 R in Pink. Die M nicht abketten, sondern den Faden ca. 20 cm lang abschneiden, durch die M fädeln, zusammenziehen und vernähen. Dies ergibt die Schuhspitze. Den zweiten Schuh genauso arbeiten.

Ausarbeitung: Die obere Naht mit Matratzenstich zusammennähen, dabei für den Fußeinstieg ca. 17 cm offen lassen. Fersennaht schließen.

Die Zipfel von außen an den oberen Rand des fertig zusammengenähten Hausschuhs stricken, und zwar auf jeder Seite einzeln. Dafür auf jeder Seite 18 M aus dem Rand herausstricken, dann 3 R glatt rechts stricken, beginnend mit einer Rückreihe. Jetzt jeden Zipfel einzeln arbeiten. Für den ersten Zipfel über die ersten 6 M 2 R im Grundmuster stricken. In der 3. R beidseitig 1 M abnehmen (= 4 M). Die 4. und 5. R glatt rechts stricken, in der 6. R wieder beidseitig je 1 M abnehmen (= 2 M), die 7. und 8. R im Grundmuster stricken und in der 9. R abketten. Die zwei weiteren Zipfel ebenso stricken. Auf der anderen Schuhseite wiederholen. An die Zipfelspitzen mithilfe einer Häkelnadel jeweils passende Fransen knüpfen.

Filzen: Die Schuhe zusammen mit Handtüchern bei 60 °C, gedrückter Spartaste oder im Kurzprogramm mit etwas Waschmittel in der Waschmaschine filzen.

Fertigstellung: Die Schuhe in Form ziehen, eventuell auf Schuhspannern trocknen lassen.

Wärmflaschenhüllen

Große Wärmflasche

MATERIAL

- *Coats Wash + Filz-it (100 % Schurwolle, LL = 50 m/50 g) 200 g in Mint 50 g in Pink*
- *Reste von Brazilia lungo in Pink (100 % Polyester, LL = 60 m/50 g)*
- *Stricknadeln Nr. 8*
- *Wärmflasche*

Glatt rechts

Hinreihe rechte M, Rückreihe linke M

Maschenprobe

Vor dem Filzen:
11 M und 14 R = 10 x 10 cm
Nach dem Filzen:
11 M und 14 R = 8 x 7 cm

Fertige Größe

21 x 33 cm

ANLEITUNG

Für die **Rückseite** 29 M in Mint anschlagen und 55 R glatt rechts stricken. In R 56 am rechten und linken Rand jeweils 4 M abketten. Über die restlichen 21 M noch 11 R in Mint stricken, anschließend 3 R „Brazilia lungo" mit doppeltem Faden stricken, dann abketten.

Für die **Vorderseite** 29 M in Mint anschlagen und 9 R glatt rechts stricken, beginnend mit einer Rückreihe. In R 10 (=Hinreihe, rechte M) mit dem Einstrickmuster gemäß Vorlage beginnen. In der Vorlage sind nur die Hinreihen eingezeichnet, in den Rückreihen die M stricken wie sie erscheinen. Nach insgesamt 41 R nochmals 14 R in Mint stricken. In R 56 am rechten und linken Rand jeweils 4 M abketten. Über die restlichen 21 M noch 11 R in Mint stricken, anschließend 3 R mit Brazilia, mit doppeltem Faden, stricken und dann abketten.

Ausarbeitung: Vorder- und Rückseite rundum im Matratzenstich zusammennähen, oben offen lassen.

Filzen: Die Hülle zusammen mit Handtüchern bei 60 °C, gedrückter Spartaste oder im Kurzprogramm mit etwas Waschmittel in der Waschmaschine filzen.

Fertigstellung: Die Wärmflaschenhülle in Form ziehen, Wärmflasche zusammengerollt hinein stecken. Hülle an der Wärmflasche trocknen lassen.

Einstrickmuster:

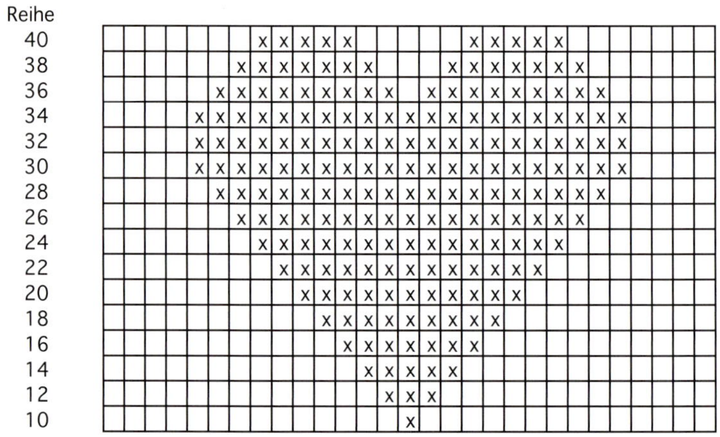

Kinderwärmflasche

MATERIAL

- *Coats Wash + Filz-it (100 % Schurwolle, LL = 50 m/50 g) 150 g in Pink 50 g in Mint*
- *Stricknadeln Nr. 8*
- *Kinderwärmflasche*
- *Karoband*

Glatt rechts

Hinreihe rechte M, Rückreihe linke M

Maschenprobe

Vor dem Filzen:
11 M und 14 R = 10 x 10 cm
Nach dem Filzen:
11 M und 14 R = 8 x 7 cm

ANLEITUNG

Für die Rückseite 25 M in Pink anschlagen und 45 R glatt rechts stricken. In R 46 am rechten und linken Rand jeweils 7 M abketten. Mit den verbleibenden 11 M noch 12 R stricken.

Für die Vorderseite 25 M in Pink anschlagen und 7 R glatt rechts stricken, dabei mit einer Rückreihe beginnen. In der 8. und 9. R 2 M in Pink, 21 M in Mint, 2 M in Pink stricken. Die 10.–14. R in Pink stricken. In der 15. und 16. R die mittleren 17 M in Mint, danach die 18.–22. R wieder in Pink stricken. In der 23. und 24. R die mittleren 12 M in Mint stricken, die 25.–29. R wieder in Pink. In der 30. und 31. R die mittleren 9 M in Mint und die 32.–36. R in Pink stricken. In der 37. und 38. R die mittleren 5 M in Mint, die 39.–45. R in Pink stricken. Ab R 46 wie bei der Rückseite beschrieben weiterarbeiten.

Ausarbeitung: Die Seitenteile mit Matratzenstich zusammennähen, die untere Naht schließen, die Seitennähte für den Wärmflaschenhals nicht zusammennähen, da diese später mit dem Karoband geschlossen werden.

Filzen: Die Hülle zusammen mit Handtüchern bei 60 °C, gedrückter Spartaste oder im Kurzprogramm mit etwas Waschmittel in der Waschmaschine filzen.

Fertigstellung: Die Wärmflaschenhülle in Form ziehen und an der Wärmflasche trocknen lassen. Das Karoband rechts und links am Hals der Wärmflaschenhülle über Kreuz einfädeln und zu Schleifen binden.

Kissen

MATERIAL

- *Coats Wash + Filz-it (100 % Schurwolle, LL = 50 m/50 g)*
  250 g in Mango
  250 g in Schoko
- *Stricknadeln Nr. 8*
- *Kissen, 40 x 40 cm*

Glatt rechts

Hinreihe rechte M, Rückreihe linke M

Maschenprobe

Vor dem Filzen:
12 M und 15 R = 10 x 10 cm
Nach dem Filzen:
12 M und 15 R = 8 x 8 cm

Fertige Größe

40 x 40 cm

ANLEITUNG

Für die Vorder- und Rückseite 31 M in Mango und 31 M in Schoko anschlagen. In dieser Farbverteilung 38 R stricken, dann die Farben gegengleich wechseln und nochmals 38 R stricken, dann abketten. Beide Teile gleich arbeiten, beim fertigen Kissen grenzen später gelbe an braune Flächen.

Für die Kugel alle Fadenreste vom Vernähen der Fäden sammeln, zu einer Kugel formen, in einen Seidenstrumpf geben und die Kugel mit einem Knoten im Strumpf fixieren.

Ausarbeitung: Die beiden Kissenteile an drei Seiten zusammennähen, an der vierten Seite rechts und links jeweils 7 cm weit zunähen. In der Mitte bleibt eine Öffnung, an deren beiden Kanten gleichmäßig verteilt je 3 Luftmaschenketten von 20 LM mit einer dicken Häkelnadel anhäkeln.

Filzen: Das Kissen zusammen mit dem Seidenstrumpf und Handtüchern bei 60 °C, gedrückter Spartaste oder im Kurzprogramm mit etwas Waschmittel in der Waschmaschine filzen.

Fertigstellung: Das Kissen in Form ziehen und trocknen lassen. Die Kugel formen und trocknen lassen, anschließend in der Mitte des Kissens aufnähen.

Nackenrolle

MATERIAL

- *350 g Coats Wash + Filz-it in Weiß (100 % Schurwolle, LL = 50 m/50 g)*
- *100 g Brazilia in Nougat (100 % Polyester, LL = 90 m/50 g)*
- *Rundstricknadel Nr. 8*
- *Nackenrolle, ca. 15 cm Ø, 40 cm lang*
- *2 m schmales Satinband in Hellbeige*

Glatt rechts

In Runden rechte M

Maschenprobe

Vor dem Filzen:
12 M und 15 R = 10 x 10 cm
Nach dem Filzen:
12 M und 15 R = 8 x 8 cm

Fertige Größe

Umfang: ca. 48 cm
Länge: ca. 74 cm

ANLEITUNG

Mit der Rundstricknadel 74 M in Weiß anschlagen und 15 R glatt rechts stricken, beginnend mit einer Rückreihe. Anschließend 5 R mit Brazilia, mit doppeltem Faden, dann wieder 15 R in Weiß. So abwechselnd fortfahren, bis insgesamt 135 R gestrickt sind, dann abketten. Die fertige Strickarbeit besteht aus 7 Streifen in Weiß und 6 Streifen in Nougat.

Filzen: Die Nackenrollenhülle zusammen mit Handtüchern bei 60 °C, gedrückter Spartaste oder im Kurzprogramm mit etwas Waschmittel in der Waschmaschine filzen.

Fertigstellung: Die Nackenrollenhülle in Form ziehen und trocknen lassen. Hülle über die Nackenrolle ziehen, an beiden Enden je ein Satinband in den letzten Streifen Brazilia einziehen und mit einer Schleife zubinden.

Korbset

Wollkorb

MATERIAL

- *150 g Coats Wash + Filz-it in Sienna (100 % Schurwolle, LL = 50 m/50 g)*
- *100 g Schachenmayr nomotta Two in One in Ondé Herbstzauber (63 % Polyacryl, 32 % Schurwolle, 5 % Polyester, LL = 80 m/50 g)*
- *Stricknadeln Nr. 9*
- *Federboa in Schwarz, ca. 1 m lang*

Glatt rechts
Hinreihe rechte M, Rückreihe linke M

Maschenprobe
Vor dem Filzen:
9 M und 11 R = 10 x 10 cm
Nach dem Filzen:
9 M und 11 R = 8 x 7 cm

Fertige Größe
Ca. 18 x 18 x 18 cm (H x B x T)

ANLEITUNG

Beide Garne zusammennehmen und 20 M anschlagen. Anschließend 27 R glatt rechts stricken. So insgesamt 5 gleiche Teile stricken (4 Seitenteile, 1 Bodenteil).

Ausarbeitung: Zuerst die vier Seitenteile mit dem Matratzenstich zusammennähen, zuletzt den Boden einnähen.

Filzen: Den Korb zusammen mit Handtüchern bei 60 °C, gedrückter Spartaste oder im Kurzprogramm mit etwas Waschmittel in der Waschmaschine filzen.

Fertigstellung: Den Korb in Form ziehen und trocknen lassen. Die Federboa am oberen Rand von Hand annähen.

Nusskorb

MATERIAL

- *100 g Schachenmayr nomotta Two in One in Ondé Herbstzauber (63 % Polyacryl, 32 % Schurwolle, 5 % Polyester, LL = 80 m/50 g)*
- *Stricknadeln Nr. 9*
- *Federboa in Schwarz, ca. 1 m lang*

Glatt rechts
Hinreihe rechte M, Rückreihe linke M

Maschenprobe
Vor dem Filzen:
11 M und 14 R = 10 x 10 cm
Nach dem Filzen:
11 M und 14 R = 6 x 6 cm

Fertige Größe
Ca. 20 x 10 x 10 cm (H x B x T)

ANLEITUNG

Für die **Seitenteile** 19 M anschlagen und 50 R stricken. Insgesamt 4 gleiche Teile stricken.

Für den **Boden** 19 M anschlagen und 25 R stricken.

Ausarbeitung: Zuerst die vier Seitenteile mit dem Matratzenstich zusammen nähen, zuletzt den Boden einnähen.

Filzen: Den Korb zusammen mit Handtüchern bei 60 °C, gedrückter Spartaste oder im Kurzprogramm mit etwas Waschmittel in der Waschmaschine filzen.

Fertigstellung: Den Korb in Form ziehen und trocknen lassen. Die Federboa am oberen Rand von Hand annähen.

Schlamperrolle & Stiftebecher

Schlamperrolle

MATERIAL

- *Coats Wash + Filz-it (100 % Schurwolle, LL = 50 m/50 g)*
  50 g in Flieder
  50 g in Weiß
- *Stricknadeln Nr. 8*
- *Reißverschluss in Lila, 18 cm lang*

Glatt rechts
Hinreihe rechte M, Rückreihe linke M

Maschenprobe
Vor dem Filzen:
11 M und 14 R = 10 x 10 cm
Nach dem Filzen:
11 M und 14 R = 8 x 7 cm

Fertige Größe
Länge: ca. 22 cm
Umfang: ca. 18 cm

ANLEITUNG

30 M in Lila anschlagen und 4 R glatt rechts, beginnend mit einer Rückreihe, stricken. Anschließend 4 R in Weiß und so weiter abwechseln bis insgesamt 36 R gestrickt sind, dann abketten.

Für die Kugel 3 M in Lila anschlagen, die erste R ist eine Rückreihe, danach glatt rechts stricken. In der 2. und 4. R am Reihenanfang und -ende jeweils 1 M zunehmen (= 7 M). Die 5., 6. und 7. R ohne Zunahmen stricken, in der 8. und 10. R jeweils am Reihenanfang und -ende 1 M abnehmen. Die 11. R (= Rückreihe mit linken M) stricken, dann die restlichen 3 M abketten und dabei ca. 10 cm Faden hängen lassen. Diesen Faden mithilfe einer Stopfnadel am Rand des Strickstücks entlang durchfädeln, zu einer Kugel zusammenziehen und die Fäden vernähen.

Jeweils 10 Fransen in Weiß und Lila von ca. 20 cm Länge abschneiden und paarweise 5 Stück an jeder Seite anknüpfen.

Ausarbeitung: An der oberen Kante jeweils rechts und links 2 cm zunähen. Die Seitenteile zusammenziehen und die Fransen anknüpfen.

Filzen: Die Kugel in einen Wäschesack stecken und zusammen mit der Schlamperrolle und Handtüchern bei 60 °C, gedrückter Spartaste oder im Kurzprogramm mit etwas Waschmittel in der Waschmaschine filzen.

Fertigstellung: Die Schlamperrolle und die Kugel in Form ziehen und trocknen lassen. Den Reißverschluss von Hand einnähen und die Kugel am Zipper befestigen.

Stiftebecher

MATERIAL

- *Coats Wash + Filz-it (100 % Schurwolle, LL = 50 m/50 g)*
  50 g in Flieder
  Reste Coats in Weiß
- *Nadelspiel Nr. 8*
- *Glas, 10 cm hoch, 8 cm Ø*

Glatt rechts
In Runden rechte M

Maschenprobe
Vor dem Filzen:
11 M und 14 R = 10 x 10 cm
Nach dem Filzen:
11 M und 14 R = 8 x 7 cm

ANLEITUNG

Mit dem Nadelspiel Nr. 8 insgesamt 38 M in Flieder anschlagen (3 Nadeln mit je 9 M und 1 Nadel mit 11 M). Insgesamt 22 Runden glatt rechts stricken, dann abketten.

Für die Fransen 20 Fäden je Farbe, 20 cm lang, abschneiden. Immer 2 Fäden (Weiß und Flieder) zur Hälfte legen und in gleichmäßigem Abstand mithilfe einer Häkelnadel an den oberen Rand anknüpfen.

Filzen: Die Hülle zusammen mit Handtüchern bei 60 °C, gedrückter Spartaste oder im Kurzprogramm mit etwas Waschmittel in der Waschmaschine filzen.

Fertigstellung: Die Hülle in Form ziehen, über das Glas stülpen und trocknen lassen.

Tee-Set

MATERIAL

- *200 g Coats Wash + Filz-it in Burgund (100 % Schurwolle, LL = 50 m/50 g)*
- *Stricknadeln Nr. 8*
- *Nadelspiel Nr. 8*
- *Bastelfilz in Weiß und Grün*
- *Grünes Satinband, 3 mm breit, 1 m lang*

Glatt rechts

Hinreihe rechte M, Rückreihe linke M
In Runden rechte M

Maschenprobe

Vor dem Filzen:
11 M und 14 R = 10 x 10 cm
Nach dem Filzen:
11 M und 14 R = 8 x 7 cm

Fertige Größen

Teekannenhülle:
passend für eine Teekanne von 14 cm Höhe und 45 cm Umfang
Telleruntersetzer:
20 x 20 cm
Tassenuntersetzer:
10 x 10 cm
Serviettenringe:
5 breit, 16 cm Umfang

ANLEITUNG

Für die **Teekannenhülle** mit Stricknadeln Nr. 8 12 M anschlagen und glatt rechts stricken. Die erste R ist eine Hinreihe. In der 2. und 4. R jeweils gleichmäßig verteilt 5 M zunehmen (= 22 M). In der 6. R gleichmäßig verteilt 4 M zunehmen (= 26 M)und in der 8. R nochmals 3 M (=29 M). Die 9.–27. R glatt rechts stricken. In der 28. R gleichmäßig verteilt 5 M abnehmen und nochmals 4 R glatt rechts stricken, dann abketten.
Das zweite Teil genauso stricken.

Ausarbeitung Teekannenhülle:
Die beiden Hälften oben zusammennähen, und zwar an einer Seite 6 cm hoch, an der anderen 8 cm hoch. Für den Griff des Kannendeckels bleiben oben in der Mitte ca. 4 cm offen.

Für die **Telleruntersetzer** 28 M anschlagen und 40 R, mit einer Rückreihe beginnend, glatt rechts stricken, dann abketten.

Für die **Tassenuntersetzer** 14 M anschlagen und 20 R, mit einer Rückreihe beginnend, glatt rechts stricken, dann abketten.

Für die **Serviettenringe** mit dem Nadelspiel 22 M anschlagen und 10 Runden rechts stricken, dann abketten.

Filzen: Alle Teile zusammen mit Handtüchern bei 60 °C, gedrückter Spartaste oder im Kurzprogramm mit etwas Waschmittel in der Waschmaschine filzen.

Fertigstellung: Die Teile in Form ziehen und trocknen lassen. An der Teekannenhülle jeweils vorne unter der Tülle und hinten unter dem Griff ein Stück Satinband befestigen und zur Schleife binden.

Für die **Rosen** aus dem weißen Bastelfilz Streifen von ca. 12 cm Länge und 1,5 cm Breite schneiden. Die Streifen an den Enden abschrägen, zu kleinen Rosen aufwickeln und mit einigen Stichen zusammennähen. Aus dem grünen Filz Blätter ausschneiden und von Hand zusammen mit den Rosen auf die Kannenhülle, die Untersetzer und die Serviettenringe nähen.

Tischset, Vasen & Dose

Tischset

MATERIAL

- *Coats Wash + Filz-it (100 % Schurwolle, LL = 50 m/50 g) 200 g in Weiß Reste in Schwarz*
- *Stricknadeln Nr. 8*

Glatt rechts
Hinreihe rechte M, Rückreihe linke M

Maschenprobe
Vor dem Filzen:
12 M und 15 R = 10 x 10 cm
Nach dem Filzen:
12 M und 15 R = 8 x 8 cm

ANLEITUNG

55 M in Weiß anschlagen, die erste Reihe ist eine Rückreihe. Insgesamt 81 R stricken, dann abketten.

Für die Kugeln Fadenabschnitte in Weiß und Schwarz zu 4 walnussgroßen Kugeln formen. Alle Kugeln zusammen in einen Seidenstrumpf geben, zwischen den einzelnen Kugeln den Strumpf verknoten und die Kugeln so fixieren.

Filzen: Das Tischset und die Kugeln im Seidenstrumpf zusammen mit Handtüchern bei 60 °C, gedrückter Spartaste oder im Kurzprogramm mit etwas Waschmittel in der Waschmaschine filzen.

Fertigstellung: Das Tischset in Form ziehen und trocknen lassen. Wie abgebildet mit schrägem Schlingstich Schwarz umnähen und die Kugeln befestigen.

Fransen-Vase

MATERIAL

- *Coats Wash + Filz-it (100 % Schurwolle, LL = 50 m/50 g) 50 g in Weiß, 50 g in Schwarz*
- *Nadelspiel Nr. 8*
- *Glasvase, 18 cm hoch; 8 cm Ø*

Glatt rechts
In Runden rechte M

Maschenprobe
Vor dem Filzen:
11 M und 14 R = 10 x 10 cm
Nach dem Filzen:
11 M und 14 R = 8 x 7 cm

ANLEITUNG

Mit der schwarzen Wolle und Nadelspiel Nr. 8 insgesamt 38 M anschlagen und diese gleichmäßig auf die 4 Nadeln verteilen. Dann glatt rechts zuerst 19 Runden in Schwarz und anschließend 19 Runden in Weiß stricken. Maschen abketten.

Für die Fransen an der oberen Kante 20 Fäden je Farbe, 15 cm lang, abschneiden. Immer 2 Fäden in Schwarz und Weiß zur Hälfte legen und in gleichmäßigem Abstand mithilfe einer Häkelnadel an die abgeketteten Maschen anknüpfen. Für die unteren Fransen 20 Fäden je Farbe, 10 cm lang, abschneiden. Immer 2 Fäden in Schwarz und Weiß zur Hälfte legen und in gleichmäßigem Abstand mithilfe einer Häkelnadel an die Reihe des Farbwechsels anknüpfen.

Filzen: Die Vasenhülle zusammen mit Handtüchern bei 60 °C, gedrückter Spartaste oder im Kurzprogramm mit etwas Waschmittel in der Waschmaschine filzen.

Fertigstellung: Die Vasenhülle in Form ziehen und am Gefäß trocknen lassen.

Karo-Vase

MATERIAL

- *Coats Wash + Filz-it (100 % Schurwolle, LL = 50 m/50 g) 50 g in Weiß, 50 g in Schwarz*
- *Nadelspiel Nr. 8*
- *Glasvase, 15 cm hoch, 10 cm Ø*

Glatt rechts
In Runden rechte M

Maschenprobe
Siehe Fransen-Vase

ANLEITUNG

Mit dem weißen Garn und Nadelspiel Nr. 8 insgesamt 46 M anschlagen und gleichmäßig auf die vier Nadeln verteilen. Anschließend 3 Runden in Weiß glatt rechts stricken. Nun die schwarzen Karos einstricken: In der 4.–7. Runde * 21 M in Weiß, 4 M in Schwarz und 21 M in Weiß stricken. Die folgenden 3 Runden durchgehend in Weiß stricken. Ab * noch 3 x wiederholen. Nach insgesamt 31 Runden abketten.

Filzen und Fertigstellung:
Siehe Fransen-Vase

Glas mit Deckel

MATERIAL

- *Coats Wash + Filz-it (100 % Schurwolle, LL = 50 m/50 g) 50 g in Weiß, 50 g in Schwarz*
- *Nadelspiel Nr. 8*
- *Glas, 10 cm hoch, 8 cm Ø*

Glatt rechts
In Runden rechte M

Maschenprobe
Siehe Fransen-Vase

ANLEITUNG

Für die **Hülle** mit der weißen Wolle und Nadelspiel Nr. 8 insgesamt 38 M anschlagen und gleichmäßig auf die vier Nadeln verteilen. Glatt rechts stricken, dabei für die Streifen nach jeder Runde die Farbe wechseln. Mit Weiß beginnen und insgesamt 20 Runden stricken.

Für den **Deckel** einen Strickschlauch in Weiß arbeiten. Dazu mit 2 Nadeln des Nadelspiels Nr. 8 vier Maschen anschlagen. Die M einmal mit rechten M abstricken, am Ende der R die Nadel nicht umdrehen, sondern die M auf der Nadel nach vorne schieben und wieder mit rechten M in derselben Richtung abstricken. Diesen Vorgang so oft wiederholen, bis der Schlauch ca. 93 cm lang ist.

Für die **Kugel** 3 M in Schwarz anschlagen, die erste R ist eine Rückreihe, danach glatt rechts stricken. In der 2. und 4. R am Reihenanfang und -ende jeweils 1 M zunehmen (= 7 M). Die 5., 6. und 7. R ohne Zunahmen stricken, in der 8. und 10. R jeweils am Reihenanfang und -ende 1 M abnehmen. Die 11. R stricken, dann die restlichen 3 M abketten und dabei ca. 10 cm Faden hängen lassen. Diesen Faden mithilfe einer Stopfnadel am Rand des Strickstücks entlang durchfädeln, zu einer Kugel zusammenziehen und die Fäden vernähen.

Filzen: Die Kugel in einen Wäschesack geben. Zusammen mit der Hülle, dem Strickschlauch und Handtüchern bei 60 °C, gedrückter Spartaste oder im Kurzprogramm mit etwas Waschmittel in der Waschmaschine filzen.

Fertigstellung: Die Hülle in Form ziehen und am Gefäß trocknen lassen, den Strickschlauch und die Kugel ebenfalls trocknen lassen. Strickschlauch zu einer Schnecke aufrollen und zu einem flachen Deckel zusammennähen, die Kugel in der Mitte als Griff aufnähen.

Impressum

Christophorus
im Verlag Herder
Freiburg im Breisgau 2007

ISBN: 978-3-419-53385-7

Lektorat: Birgit Silomon, Freiburg

Fotos: Roland Krieg, Waldkirch

Zeichnungen „Grundkurs": Joan Sallas, Freiburg

Layoutentwurf: Network!, München

Gesamtproduktion: smp, Freiburg

Druck: Himmer, Augsburg

Verlag Herder GmbH
Christophorus-Verlag
Hermann-Herder-Straße 4
79104 Freiburg
Tel.: 0761 / 27 17 - 0
Fax: 0761 / 27 17 - 3 52
oder E-Mail:
info@christophorus-verlag.de
www.christophorus-verlag.de